JEAN DE BONNEFON

DRAME IMPÉRIAL

Ce que l'on ne peut pas dire à Berlin

1888

PARIS

LIBRAIRIE E. DENTU, ÉDITEUR

3, PLACE DE VALOIS, PALAIS-ROYAL

DRAME IMPÉRIAL

CE QUE L'ON NE PEUT PAS DIRE A BERLIN

PARIS. IMPRIMERIE LUCOTTE ET CADOUX

24, rue Croix-des-Petits-Champs, 24

JEAN DE BONNEFON

DRAME IMPÉRIAL

CE QUE L'ON NE PEUT PAS DIRE A BERLIN

PARIS

E. DENTU, ÉDITEUR

LIBRAIRE DE LA SOCIÉTÉ DES GENS DE LETTRES

8, PLACE DE VALOIS, PALAIS-ROYAL

1888

EN

MANIÈRE DE PRÉFACE

EN MANIÈRE DE PRÉFACE

Ceci n'est pas le livre d'un expulsé. On ne trouvera dans ces notes rapides ni haine, ni chauvinisme. Témoin d'un drame impérial, placé pendant un an de façon à tout voir — et à deviner le reste, je raconte ici ce que je n'ai pas pu dire à Berlin. Je le raconte avec respect pour Frédéric III, avec un pieux souvenir pour l'impératrice Victoria.

A l'heure où ce volume paraît, l'impératrice Victoria est sous haute surveillance. Elle est coupable d'avoir fait passer en Angleterre les mémoires de Frédéric III. L'œuvre en elle-même n'agite guère le jeune empereur. Mais il y a aussi à Londres des *documents à l'appui*. Ce sont des lettres du chancelier au Kronprinz Guillaume, lettres que Frédéric avait saisies, usant de son autorité paternelle. Ce sont aussi des lettres du même Guillaume à Frédéric III, lettres où le désir de régner apparaît au lieu et place de respect filial.

L'empereur nouveau veut jeter le voile sur le passé du Kronprinz; il n'entend pas que sa correspondance soit publiée.

C'est bien; mais si l'on veut savoir comment la mère juge son fils, qu'on lise l'extrait d'une lettre adressée le 25 juillet à une amie fidèle par l'Impératrice Victoria :

« ...Je ne veux pas et ne peux pas rendre ces documents parce qu'ils sont ma force et ma défense. Si je n'avais pas cette arme, je

*ne serais pas en sûreté en Allemagne et j'ai be-
soin d'y rester pour mes enfants. Tant que les
documents sont à Londres on ne me fera aucun
mal ici, parce que si je finissais subitement
ma mère me vengerait... Les documents rendus,
je devrais tout craindre.* »

Voilà ce qu'une mère attend de son fils. Et
l'authenticité de la lettre ne sera pas démentie.
D'ailleurs je ne crois pas pouvoir donner une
meilleure preuve de mon impartialité que de
publier en tête de cet ouvrage l'article paru
dans le *Gaulois* le jour même de mon expulsion,
le 20 juin dernier.

. . . .

A neuf heures, après une matinale promenade — on se lève de bonne heure dans Berlin
en deuil, parce que l'on se couche tôt — je ren-
trais à l'hôtel Central.

— Ma clef? demandai-je au portier.

— Elle est sur la porte de monsieur, me répondit le gros *fonctionnaire*.

Et il me dit cette chose très simple avec l'air mystérieux d'un homme qui porte un secret d'État.....

Un couloir, deux couloirs, trois couloirs, cela ne finit jamais dans ces immenses caravansérails vides que les Berlinois ont bâtis depuis dix ans, pour recevoir ou expulser les étrangers... J'entre dans ma chambre : sur le canapé, un monsieur, en veston jaune, assez crasseux au demeurant, est assis, fumant un cigare. Mon homme veut bien se lever et, pendant que, muet d'étonnement, je l'examine, il m'explique qu'il est agent de police en bourgeois et qu'il a le regret d'être chargé de me conduire au bureau de police.

— Pour quel méfait?

— Je ne sais; j'exécute une consigne.

Je connais trop la valeur de ce mot magique

en Allemagne pour insister. Je le suis : on nous regarde beaucoup, mon compagnon jaune et moi, dans la cour de l'hôtel, puis dans la rue. Je le prie de marcher en avant, afin que je n'aie pas l'honneur de partager la popularité dont il semble entouré. Il passe.....

Premier bureau de police : une maison noire, un escalier plus noir, un bureau tout à fait noir.

J'attends une heure l'officier qui fait une promenade à cheval. La porte s'ouvre enfin : les agents se lèvent, saluent militairement, comme à la parade, un homme très sanglé dans un uniforme bleu. C'est l'officier chargé de mon exécution :

— J'ai le regret, me dit-il poliment, de vous informer que vous devez suivre mes agents à la Préfecture de police.

Je m'incline.

Nouveau pèlerinage, en voiture, cette fois. Nouvelle attente, dans un bureau qui ressemble beaucoup au premier. Une porte s'ouvre. Je crois à la répétition de la première scène et je m'attends à voir un nouvel officier.

Erreur, c'est mon confrère en journalisme, qui sera bientôt mon confrère en expulsion, M. Ranson, du *Matin*. Je ne le connais pas; mais deux Français se lient vite dans un bureau de police allemand. Nous causons. Son aventure ressemble à la mienne : même agent, même promenade. Le directeur de la police est arrivé. Je suis introduit.

— *Sprechen sie deutsch?* me demande le haut personnage qui est une seconde édition, revue et augmentée, du premier officier.

— Je ne sais pas l'allemand.

— Cependant, interrompt mon interlocuteur (en français, cette fois), vous parliez allemand, tout à l'heure, avec mon agent?

— Très mal.

— Quand je vais à Paris, je parle français;

quand vous venez à Berlin, vous devriez savoir
l'allemand.

— Vous parlez si bien notre langue que nous
n'éprouvons pas le besoin d'employer la vôtre.

M. le directeur me regarde pour savoir s'il
reçoit un compliment ou une ironie. Puis :

— J'ai l'honneur de vous informer que vous
êtes expulsé du territoire prussien.

Un greffier se lève. Ce greffier de Berlin ressemble à tous les greffiers de France et de
Navarre : mêmes lunettes; même voix nasil-
larde; les ronds-de-cuir de tous les pays sont,
paraît-il, coulés dans le même moule. Il me lit
un long papier qu'il traduit en un français
bizarre; j'apprends que je suis accusé de trois
méfaits :

1º Avoir publié un parallèle entre l'archiduc
Rodolph et le prince Guillaume. Ce crime
remonte au 22 avril dernier.

Je demande timidement s'il n'est pas périmé.

2° Avoir adressé une lettre à l'Impératrice Victoria sur les affaires d'Alsace-Lorraine — lettre où le délinquant a manqué de respect au chancelier.

3° Avoir montré des sentiments hostiles au nouvel Empereur dans plusieurs circonstances.

Et c'est tout... Nouvelle observation timide de ma part. Dans combien de temps dois-je obéir? « Dans les sept heures, monsieur. » Mon audience est finie.

On me remet l'acte d'expulsion que voici :

Berlin, le 20 juin 1888.

Selon protocole de ce jour, il vous a été déclaré que, comme à un étranger, n'ayant pas qualité légale pour obtenir le permis de séjour sur le territoire de l'État prussien, la résidence à Berlin et sur le territoire de l'État prussien pour causes de police d'État, selon mes dispositions du 19 juin 1888 qui vous ont été signifiées, ne peut pas vous être accordée, et vous êtes, en conséquence, requis de quitter Berlin et le territoire de l'État prussien dans les douze heures.

Si vous vous opposiez à exécuter cette sommation et si, ce délai passé, vous étiez trouvé ici ou si vous y revenez, vous seriez, conformément au paragraphe 132, n° 2, de la loi sur l'administration générale de l'État, du 30 juillet 1883, passible d'une amende de 100 marks ou, à défaut de paiement, puni d'un emprisonnement de dix jours; ensuite, conformément au paragraphe 132, n° 3, de la loi précitée, vous serez soumis au transport forcé.

En cas de retour sur le territoire de l'État prussien, sans autorisation, vous serez passible, conformément au paragraphe 361, n° 2, du Code pénal de l'Empire allemand, d'un emprisonnement jusqu'à six semaines.

LE PRÉSIDENT DE LA POLICE,

Au bien né monsieur Jean de Bonnefon.

Cette précieuse pièce dans ma poche, je suis libre jusqu'au train de neuf heures du soir. « Libre » n'est pas tout à fait exact; deux agents emboîtent le pas derrière moi. Je trouve une voiture qui va d'assez bonne allure, ce qui gêne mes deux surveillants.

Ils n'en continuent pas moins leur course et me voient faire une dernière série de visites chez mes amis de Berlin. Je n'oublie pas la chancellerie, où je dépose une carte *P. P. C. forcé*, et je rentre à l'hôtel : je ne suis pas depuis une heure dans ma chambre que l'on me porte une carte ansi conçue :

Qu'en termes galants les expulsions sont faites à Berlin !

Le chancelier a bien voulu me consacrer, dans la même journée, une carte et un mot. Depuis quelque temps, il est prodigue de cette dernière monnaie : un de mes amis, le prince X..., chez qui j'avais dîné la veille de mon *exécution*, a demandé au maître :

— Pourquoi expulsez-vous ce jeune homme?

— Parce qu'il nous encombre! a répondu le chancelier en tournant le dos.

Va-t-on expulser sans autre forme de procès tous les encombrants? Ou bien cette mesure est-elle réservée à deux ou trois victimes particulièrement désagréables? Questions que l'avenir résoudra.

La fin de mon odyssée — de notre odyssée — car à partir de neuf heures du soir, le sort de mon confrère du *Matin* et le mien se confondent, cette fin serait banale sans un incident charmant en sa simplicité.

J'ai des amis à Berlin — je dirai comment et depuis quand. — Cinq officiers allemands m'avaient invité à diner pour mercredi soir. J'envoyai, vers trois heures, un mot à l'un d'eux pour m'excuser de ne pas accepter l'invitation, que je ne pourrais pas rendre.

A six heures du soir, mon ami venait me trouver à l'hôtel et me déclarait que ses camarades et lui regarderaient comme une insulte grave mon refus. J'ai donc dîné le jour de mon expulsion avec des officiers allemands, très bons patriotes en leur pays, comme moi en France.

Avec une délicatesse parfaite, ils ne m'ont offert que des vins français, et nous avons bu à la paix universelle. Leur toast différait du mien en ce qu'il était porté en ma langue nationale et en fort bons termes, ma foi, tandis que je n'ai pu rendre la pareille à mes hôtes.

J'ai été accompagné à la gare par les deux agents; un officier de police a voyagé dans le train jusqu'à la frontière, protégeant et surveillant notre retraite. Mais j'ai été dédommagé de cette compagnie par celle des deux lieutenants qui ont voulu venir me serrer la main sur le

quai du départ; tout cela très simplement, sans
ostentation, en gens qui n'ont pas peur d'être
soupçonnés, qui sauront, sur un champ de bataille, accomplir leur devoir de Prussiens,
comme nous, Français, nous accomplirions notre
devoir de Français.

A Verviers, j'ai été abandonné par l'homme
de la police. Ce malheureux avait passé une
mauvaise nuit — le chancelier fait voyager ses
agents en troisième — j'ai eu grand'pitié de cet
irresponsable et je l'ai invité à déjeuner. Il a
accepté un verre de cognac — en se cachant —
et il est reparti pour la terre où fleurit l'expulsion.

Toute histoire mérite une morale. J'ai tiré
celle de mon expulsion pendant que le train filait
rapide vers Paris, à travers les montagnes mi-
nuscules de la Belgique et les grandes plaines
du Nord. Après le récit, qu'il me soit permis de
remonter au déluge — au mois de novembre —

et de donner la psychologie de mon aventure.

En novembre dernier, le kronprinz d'Allemagne, Frédéric, arrivait malade, mourant, disait-on, à San Remo. Ce vaillant, ce doux et ce fort, tenu pour l'ami de la France, venait demander la vie au soleil de la Méditerranée.

Je ne vous redirai pas quelle fut l'émotion causée par les premières nouvelles alarmantes, quelle fut la joie jetée dans les âmes françaises par les améliorations toujours annoncées, toujours démenties.

Commis voyageur en politique étrangère pour le *Gaulois*, je passai l'hiver entre Paris et San Remo. Comme tous, je me passionnai pour l'héroïque malade, pour la princesse, belle à force de bonté, admirable à force de courage, qui veillait et défendait son trésor, son mari. Je vis, de près, cet amour en double partie, fait de dévouement et de délicatesse. Je vis une femme qui feignait le rire et la joie pour rassurer le malade, tandis que l'agonisant simulait l'espérance éloignée de son âme.

Présenté à la princesse, ma sympathie respectueuse s'accrut, et je m'efforçai de ne pas mériter le reproche du premier jour : « Vous êtes souvent indiscret, mais toujours courtois. »

Au bout de trois mois, je ne sais pas si j'avais des amis à la villa Zirio, mais je sais que j'étais dévoué aux hôtes de la villa, que j'avais oublié leur nationalité pour me souvenir seulement de leur beau caractère.

Ce ne fut pas sans émotion que j'appris du comte X..., les intrigues politiques ourdies autour de ce lit.

A mesure que le drame de la politique se déroulait à côté du drame de la mort, l'intérêt augmentait. Personne, dans l'entourage du Prince impérial, ne pouvait cacher son dégoût pour ce fait révoltant d'un fils venant assister avec espoir à l'agonie de son père, venant porter un acte d'abdication à un malade que cet acte pouvait tuer, et je partageai la commune émotion.

Puis, on voulut appeler un grand spécialiste français; je fus presque mêlé à ce projet, qui se termina par cette réponse de la princesse Victoria à un ami :

— Pourquoi ne vous décidez-vous pas? lui demandait-on.

— Il y a longtemps qu'un médecin français serait ici, si l'Empereur ne l'avait défendu.

Quoi! le vieil Empereur défendait de sauver son fils! Lui, non; le chancelier, oui.

Puis le drame changea de direction : les dupeurs furent dupés, la maladie feinte de Guillaume Ier devint une réelle maladie, devint la mort. Frédéric était empereur!

Le départ de San Remo en chapeau rond, redingote grise, l'arrivée à Charlottenburg en grand uniforme, le mot fameux de Victoria : « La couronne vaut un remède. » tout cela me revient à la mémoire, et je ne me souviens pas d'avoir écrit une ligne qui fût irrespectueuse.

L'enterrement du vieil Empereur, cette fête de préfecture à Berlin, cette pompe vraiment grande et militaire à Charlottenbourg, la ville toute blanche avec les arbres tout noirs, tout cela fut raconté.

Puis, nous Français, nous espérâmes.

De tous côtés vinrent des hommages au nouveau souverain. Les ennemis héréditaires de la France tremblèrent à la Cour. Quelques-uns disparurent. Le chancelier lui-même dut s'adoucir ; l'Empereur mourant avait la force de régner. Il n'eut pas la force de vouloir jusqu'au bout le mariage Battenberg, mais l'idylle royale continua sa marche secrètement, à coups de roses reçues et envoyées.

La scène change une dernière fois : l'Empereur, que l'on croit sauvé, est perdu ; il est mort.

Avant de mourir, il avait tué quelques illusions françaises, mais peu importe : le respect le suit dans la tombe. Ce n'est pas sans émotion que je vois ces funérailles de Potsdam, des funérailles officielles de seconde classe, que la douleur populaire fait vraiment royales.

J'ai reçu une invitation. Je suis dans la chapelle de Potsdam, et quand la foule s'est retirée, sortant le dernier, je peux m'incliner une dernière fois devant cette douleur, faite femme, qui est l'impératrice Victoria.

La politique nous reprend : on annonce que l'enfant belliqueux est devenu homme grave tout à coup, que Guillaume le tapageur veut devenir Guillaume le Pacifique.

L'incident Waldersee nous confirme dans cette opinion. Un général plus conservateur que Bismarck, plus Allemand que l'Empereur, veut diriger le jeune souverain. Ce général est le mari d'une femme respectacle — par sa vertu et par ses cinquante ans. On invente une légende et l'on compromet la comtesse Waldersee dans une ridicule invention.

Le général n'en est pas moins disgracié.

Photographe fidèle, j'enregistre, presque sans commentaire, les faits qui se précipitent : cette nouvelle Cour est étonnante par son aspect antique ; mais le jeune souverain, devenu vieux tout à coup, est plus étonnant encore.

Il imite son grand-père jusque dans les moindres détails, reproduisant, dans sa mystique proclamation, les archaïsmes chers au vieillard.

Comme Guillaume Ier, Guillaume II fera passer l'intérêt de l'Allemagne avant ses haines ; voilà pourquoi nous croyons à la paix. Mais le petit-fils diffère de l'aïeul eu un point.

Le premier était respectueux de la famille ; le second n'a cure de ce mince détail. Sa grand'-mère, il l'oublie, ne se souvenant pas qu'elle

s'occupa de son éducation, qu'il doit à Augusta
de ne pas être seulement un soldat, mais aussi
un diplomate. Ce n'est pas diminuer la princesse
Victoria que de remettre en lumière cette figure,
fine comme un vieux saxe, de la première impératrice. Ce fut une femme vraiment belle par
l'âme et par le corps que la compagne du vieux
Guillaume.

Quant à la jeune Impératrice, on peut taxer
d'extrême sévérité ses juges. Il est vrai que sa
vie peut se résumer par le *lanam fecit*. Mais cette
jeune femme, négligée, laissée au second plan,
est-elle coupable de sa timidité? Si son mari
l'avait moins abandonnée, elle serait aujourd'hui
plus impératrice.

D'ailleurs, selon le mot un peu méchant de la
vieille reine d'Angleterre : « Il lui sera beaucoup
pardonné, parce qu'elle est parfaitement bonne. »

Est-ce pour avoir redit ce que tous racontent,
que j'ai été expulsé poliment? Serait-ce pour

avoir, à Berlin même, reçu des preuves de la
bienveillance d'un homme, prince aussi, illustre
déjà, plus impérial que le petit-fils de Guillaume Ier? Certains indices le feraient croire. En
ce cas surtout, l'expulsion serait parfaitement
inexplicable.

Pas un instant, ni dans cette hypothèse ni
dans une autre, je n'ai songé à me mettre sous
la protection de mon ambassade. J'ai obéi sans
plainte : un journaliste expulsé, deux journalistes
chassés comme des voleurs, c'est si peu de chose
que ce n'est rien. Mais derrière le fait se cache le
principe : la police allemande a prononcé hier
le huis-clos pour le procès qui se plaide en Allemagne entre les partis divisés, entre la Cour
d'avant-hier, la Cour d'hier et celle de demain.

Avoir peur des révélations, c'est leur donner
du poids; arrêter les lettres, intercepter les dépêches, c'est leur donner un brevet d'authenticité.
Vieux jeu que tout cela : l'article que la poste a

retenu paraîtra un jour plus tard. On arrêtait les dépêches au temps où l'on arrêtait les diligences.

M. de Bismarck ne craint-il pas que les expédients qu'il se met à employer ne prouvent la décadence de sa force incontestée ?

Les démentis, les expulsions, tout cela a pris, dans la politique contemporaine, le nom de Crispi...nades. On croyait que le ministre d'Italie était le serviteur très humble du chancelier de l'empire. Au lieu de cela, le démagogue Crispi, maître ès expulsions et démentis, serait-il le modèle du Chancelier de fer ?

Cette hypothèse est permise : ce qui n'est pas permis à un Français, c'est de demander la peine du talion pour les Allemands fixés à Paris. Non, ne chassons personne, pas même nos ennemis. Gardons et recevons poliment les calomniateurs de la France. On expulse de Berlin, capitale de la Prusse; on n'expulse pas de Paris, capitale du monde.   J. B.

LA SOURCE DU MAL

DRAME IMPÉRIAL

CE QUE L'ON NE PEUT PAS DIRE A BERLIN

LA SOURCE DU MAL

« Fritz veut croire qu'il a mal à la gorge : ce matin je l'ai vu descendre, le cou enveloppé d'un énorme cache-nez. Il avait l'air tout désolé et se croyait perdu. Sa barbe, qui faisait table sur la flanelle blanche, lui donnait un faux air de satyre. Nous avons éclaté de rire et il a fini par faire comme nous.

« Que la vie semble bonne et douce ici. Nous ne voyons presque personne. Je m'habille le matin pour toute la journée. J'ai des heures pour la musique, pour des essais de pastel et surtout pour ma laiterie.

« Fritz se promène à pied ; le cheval l'ennuie. Il porte un chapeau de paille qui est une ombrelle, un

parapluie, une tente. Victoria a pour maître d'équitation Alexandre, qui vit ici tout à fait en petit garçon. Je le regarde comme un fils aîné; je crois que
je l'aime autant que les autres réunis et que ses
prévenances me font oublier les écarts de *l'autre*.

La seule ombre au tableau est votre éloignement,
ma mère : si vous étiez là pour voir mon bonheur,
je serais tout-à-fait heureuse. »

. . . .

On croirait que cette lettre est d'une petite châte-
laine très bourgeoise, heureuse d'être à la campagne, de s'y reposer, d'y faire des économies de
santé et d'argent. On se représente un gai cottage
perdu dans les montagnes d'Ecosse, ou une élégante villa au bord de la mer, à Swess, à Bowterg,
sur une des *family-plages* où les filles de clergyman donnent leur matinée au crocket, leur après-
midi au lawn-tenis.

C'est bien d'une famille bourgeoise dont il s'agit,
d'une famille anglaise aussi; mais cette famille
économe, simple, modeste, porte le nom le plus
craint de l'Europe et la Providence, en ses jeux iro-
niques, l'a placée sur la première marche d'un trône
impérial.

La lettre inédite qu'on vient de lire est datée de
Potsdam. Elle est signée Victoria, princesse d'Allemagne; la destinataire s'appelle Victoria, reine
d'Angleterre; Fritz, le faux malade, régnera

quelques jours sous le nom de Frédéric III; le maître d'équitation, c'est Battenberg; l'élève, c'est une troisième Victoria, fille et petite-fille des deux premières; l'*autre,* le fils irrespectueux, sera Guillaume II.....

Un mal de gorge dont on rit, une indisposition qui ne trouble pas le bonheur tranquille et n'agite pas encore les rêves simples de l'épouse la plus dévouée — tranchons le mot — la plus amoureuse, voilà le plaisant début d'un drame, qui, peu de mois plus tard, laissera deux cadavres sur la vieille scène de l'Europe.

En novembre 1886, date de cette lettre, Frédéric était traité par son père et par le chancelier, comme un enfant vieilli dans des utopies naïves. Non seulement il ne prenait aucune part aux affaires de l'Etat, mais encore on s'était chargé des siennes propres : la ration lui avait été faite si maigre, que, très ami des arts, le Kronprinz ne pouvait même pas acheter un tableau.

Les voyages étaient depuis longtemps la seule distraction permise au couple héritier, parce que les voyages sont pour les princes une économie facile à suivre, lorsqu'ils sont amis des hospitalités royales et ennemis des libéralités excessives.

Dès l'époque où Frédéric-Guillaume, devenu roi de titre comme il était déjà roi de fait, avait obéi au besoin d'autorité, qui était chez lui une seconde nature et rompu en visière avec des traditions parlementaires trop récentes, son fils et la princesse royale se consolèrent de leur inutilité forcée en voyageant à travers l'Europe.

Chose curieuse : si Frédéric n'avait pas eu cet amour des pérégrinations, il serait peut-être aujourd'hui valide, bien portant et empereur d'Allemagne. C'est pendant un voyage à Suez, en 1869, que Fritz prit le germe du mal dont il est mort... vingt ans après.

Le prince était seul; le soir du 18 octobre, l'ennui, l'orage et je ne sais quel diable aussi le poussent dans les bras d'une belle Espagnole qui répondait au nom de Dolorès Cada. Cette fille était fort belle : elle avait de grands yeux très noirs avec un teint pâle et des cheveux blonds, comme les ont seules les filles de Séville quand par hasard le soleil du Midi, au lieu de les brunir, a oublié sur elles l'or de ses rayons. Celle-ci se vantait de pouvoir paraître vêtue de ses seuls cheveux longs et épais, sans effaroucher la pudeur du plus vertueux agent des mœurs. Elle chantait de vieilles chansons du pays des Espagnes, et aucune Flamingha ne dansait comme elle la danse du ventre, venue du pays des Maures. Autour d'elle, un certain respect aussi planait; on prétendait que fille de bonne race, elle avait fui n'importe où avec n'importe qui, pour échapper à un mariage; on prétendait qu'il y avait des cadavres dans sa vie : un employé de la compagnie, fou d'elle, s'était tué sous sa fenêtre, parce qu'elle le trompait. Elle donnait son corps; elle le vendait, mais personne n'avait plus d'une nuit et jamais elle ne daignait parler.

Tout cela, on l'avait conté au prince Frédéric et il avait trouvé la belle Espagnole plus belle encore de sa beauté d'énigme.

On a souvent parlé de la fidélité conjugale de Frédéric. On sait que, jusqu'au dernier jour de sa vie, il est resté amoureux de sa femme « comme d'une belle jeune fille de dix-huit ans » disait la plus méchante des comtesses berlinoises. Les grandes dames de la cour passaient volontiers leur temps à causer derrière l'éventail d'une vertu princière qui les étonnait et se vengeaient ainsi de perdre une occasion de jeter leur bonnet par-dessus les murs du moulin de Sans-Souci.

Donc, l'empereur n'avait pas de maîtresses : mais la chair est forte; il avait des filles et Dolorès Cada fut du nombre.

La nouvelle de la royale fantaisie circula vite et un ingénieur français, M. X... s'en vint très charitablement avertir l'aide de camp de S. A. qu'il y avait péril en la demeure. Il était trop tard.

L'Espagne venait de remporter une victoire sur la Prusse. La race latine, la race d'hier, avait porté un coup terrible à la race germanique, à la race de demain.

Quant à Dolorès, la nuit du 17 au 18 octobre fut sa grande nuit, sa dernière à Suez. Le lendemain, on voulut la quérir : elle était partie.

Curieuse destinée que celle de cette inconsciente, de cette fille errante ! Cette ignorée a peut-être joué en un instant, dans l'histoire de l'Europe, le rôle de vingt batailles.

Si Pascal était du XIXe siècle, il aurait trouvé en cette affaire une belle occasion de placer sa phrase, revue et augmentée, sur les grains de sable.

Mais Pascal est mort et c'est le plus sceptique des princes couronnés qui a donné le mot de la fin. Comme on s'apitoyait devant lui sur l'incident : « Bah ! répondit-il, si ce n'avait pas été celle-là, c'aurait été une autre. »

Le 16 novembre, à Port-Saïd, la maladie se déclarait chez le prince Frédéric. Les premiers soins, très incomplets, furent donnés par le médecin du khédive Ismaël.

Le prince voulait surtout cacher l'accident : il assista aux fêtes données en l'honneur de l'empereur d'Autriche et de l'impératrice des Français. On raconte que François-Joseph, instruit de l'aventure et faisant allusion à un faux bruit répandu sur son propre compte, dit en riant : « Ces bons Hohenzollern ont toujours été jaloux des Habsbourg. Cette fois, ils sont allés plus loin que moi. »

La constitution robuste de Frédéric lutta si bien avec le mal, que, soigné très tard et très négligemment, il se crut guéri. Le germe n'était pas mort : il dormait. Voilà pourquoi, en 1886, par un beau jour d'automne, Frédéric avait mal à la gorge.

On en riait ; il fallut cesser d'en rire. Le mal empira. — A Londres, au jubilé de la reine, le prince était déjà très bas ; mais il ne s'effrayait point encore. Il croyait aujourd'hui, comme vingt ans plus tôt, que sa force triompherait. Il oubliait que la goutte d'eau avait mis vingt années pour ronger le granit.

Les médecins commençaient déjà à se regarder comme des augures et cherchaient un nom convenable pour un mal dont ils ignoraient ou feignaient d'ignorer la cause. D'ailleurs, Fritz n'avoua pas, même au dernier moment, même à l'heure où le bistouri fouillait dans la plaie purulente, même, aux heures de l'agonie, quand le crayon, qui fut le seul sceptre de l'empereur Frédéric III, tombait déjà de sa main défaillante.

Lorsque l'on connaît ce détail essentiel, on comprend mieux ce qu'a dû souffrir le patient, dont l'âme grandie s'était purifiée, idéalisée par la souffrance, par un martyre de plusieurs mois.

Que de fois, le souvenir de la chaude nuit de Suez a dû revenir dans la mémoire du malade,

1.

pendant les longues nuits de fièvre et d'insomnie !

Dans son absolu respect pour la princesse, sa femme, il n'avait jamais donné qu'un ordre aux médecins : le silence absolu sur les causes de ses souffrances. On s'est demandé la cause pour laquelle sir Mackensie avait été choisi. On a cherché l'influence de la reine Victoria. La vérité est que Frédéric avait exigé le médecin anglais parce qu'avec lui, il se croyait sûr du secret gardé. Les médecins allemands sont gens de devoir médical, enveloppés dans des théories sur le devoir professionnel. Le prince espérait trouver dans l'âme britannique du jeune médecin, plus de souplesse. Il se trompait : un jour, à San Remo, quand les médecins se livraient à ces ardentes querelles, par lesquelles ils remplaçaient les soins et la science, la princesse eut avec Mackensie une longue conversation.

L'Anglais, seul contre tous les médecins allemands, niait le cancer. La princesse lui posà nettement et pour la centième fois : « Mais alors qu'a-t-il ? » Mackensie balbutiait, voulant sauver à la fois et son honneur médical et sa parole de *sir*. Il trouvait des explications confuses, fuyait et se dérobait sous les questions toujours plus pressantes. Victoria, assise sur une chaise basse, dans le petit salon du rez-de-chaussée à la villa Zirio, avait sur les genoux, une corbeille à ouvrage.

Tout à coup, elle se lève, jette la corbeille au bout du salon et marche droit vers Mackensie, flegmatiquement assis :

« Si vous ne savez pas ce qu'a mon mari, crie-t-elle, vous êtes un sot, plus sot que ces Allemands. Eux, au moins, ont inventé le nom qu'ils ignoraient. »

On a beau être Anglais et avoir donné sa parole à l'Altesse la plus impériale du monde, on n'en est pas moins médecin.

Avec un geste mécanique, les poings fermés, la face congestionnée, Mackensie, sous le fouet de l'injure reçue, se leva et cria :

« Eh bien, votre mari a la syphilis ! »

Et la princesse impériale lui donna un soufflet, puis le mit à la porte.

La vérité entière, on la connaît aujourd'hui, ceux qui niaient la maladie première et ceux qui niaient le cancer se trompaient également. La première était la cause du second. Mackensie n'était d'ailleurs pas sincère dans ses négations : dès le mois de février, il connaissait le caractère cancéreux de la plaie. Mais il avait promis de ne pas l'annoncer officiellement, parce que le cancer, mal incurable, aurait amené une régence. Cette fois, le médecin tint sa promesse, et ce n'est qu'après avoir mis des frontières entre Berlin et lui qu'il est entré dans la voie des aveux.

Dans le rapide résumé du drame impérial, on trouvera plusieurs autres scènes dans le goût de cette première. Mais il faut, pour comprendre les actes, connaître les personnages.

FRÉDÉRIC III ET VICTORIA

FRÉDÉRIC III ET VICTORIA

Beaucoup de portraits ont été écrits : il y en a de très fins, il y en a même de ressemblants. Aucun n'est complet.

Les uns ont grossi, les autres ont diminué la physionomie de Frédéric III.

Elle est intéressante ; elle est sympathique : elle n'est pas grande.

Ce prince, dans la très courte page que lui donnera l'histoire, apparaîtra comme une pâte molle, une cire très-fine, changeant de forme selon la main qui la pétrit ; sa vie aura été partagée entre l'amour et la crainte, l'amour de sa femme, la crainte du chancelier.

S'il avait vécu, il y aurait eu en lui deux empereurs, l'empereur d'été et l'empereur d'hiver.

A Berlin, le voisinage du chancelier l'aurait attiré, fasciné, hypnotisé, sa crainte très réelle étant d'ailleurs mêlée d'une incontestable admiration.

L'autorité de M. de Bismarck on la comprend, en se rappelant qu'aux premières du règne soi-disant libéral, une mesure vexatoire, toujours refusée par le vieil empereur autoritaire, a enfin été prise.

On chantait, en prose et en vers, les sympathies françaises de Frédéric III, lorsque l'Alsace et la Lorraine furent soumises par lui au régime des passeports, c'est-à-dire au régime de l'état de siège déguisé.

C'est d'ailleurs une indéniable vérité que jamais les peuples n'ont été aussi malheureux, aussi sacrifiés, aussi tyrannisés que sous le règne des princes faibles.

La mobilité irréfléchie dans la conduite politique d'un souverain est le plus grand des dangers pour l'Etat.

Pendant l'hiver, à Berlin, Frédéric III aurait passé son temps à jouer le rôle de l'âne de Buridan, et le mal se serait accompli. Mais l'été, à Potsdam, il serait devenu tout autre. L'inspiration de l'impératrice aurait donné à sa politique un tour bienveillant jusqu'au moment précis où le chancelier se serait déplacé pour soumettre une proclamation belliqueuse à la signature impériale.

Certainement, à vingt ans, e prince Frédéric-Guillaume était un beau garçon et à cinquante un bel homme.

Certainement, le corps était restè droit et flexible, la taille svelte et élégante, la démarche jeune et aisée.

Certainement, âgé de soixante ans, Frédéric-Guillaume était toujours un esprit élevé et modéré; il avait gardé cette passion des grandes choses qui fait les grands princes; il avait su faire la guerre et il aimait la paix.

Mais toutes ses belles facultés s'étaient émoussées par le repos. Le chancelier avait peur des rêves qu'il appelait des utopies, du rêveur qu'il appelait un mauvais esprit. Personne ne songeait en Prusse que Frédéric-Guillaume serait un jour empereur. En 1887, c'était, aux yeux de tous, un prince impérial à vie.

Autrefois, dans la nuit des temps, il avait joué un petit rôle politique, puis un petit rôle diplomatique.

Il était venu à Paris en 1867 avec une autre mission que de voir l'Exposition, et voici même comment il avait été portraituré par l'impératrice Eugénie :

« Le prince est un grand et beau jeune homme, presque d'une tête plus haut que l'empereur, élancé, blond, la moustache couleur de paille, un Germain comme Tacite les décrit, d'une politesse chevaleresque, non sans quelques traits d'Hamlet...

« C'est une race imposante que celle des Allemands. Louis dit : la race de l'avenir. Bah ! nous n'en sommes pas là. »

Le prince Albert l'avait également bien jugé, le jour où, après lui avoir accordé la main de la princesse Victoria, il écrivait :

« Les qualités prédominantes sont l'ardeur et la droiture, la franchise et l'honnêteté : il semble libre de préjugés, et par-dessus tout, bien intentionné. »

Tracées il y a trente-trois ans, quand Frédéric III n'était encore qu'un jeune homme, un fiancé épris de sa future femme, ces lignes le peignent tout entier.

L'âge et l'expérience n'avaient même pas accentué les traits. Au moral, comme au physique, on retrouvait toujours en lui le beau cavalier de Windsor, qui avait conquis Wicky, charmé la reine Victoria, subjugué le prince Albert.

En 1887, comme en 1866, on aurait pu voir, sans étonnement, une femme jeune et belle se précipiter à la portière de la voiture, et crier à Son Altesse :

« Prends-moi, je ne te tromperai jamais, tu es trop beau. »

Le regard avait une douceur et une bienveillance telles qu'on lisait dans les prunelles quelque chose de flottant et de mal arrêté comme une éternelle indécision.

Pour tout homme, l'indécision est une souffrance.
Pour tout souverain c'est un crime de lèse-peuple.
C'était un vainqueur, un général ; ce n'était pas un
soldat. Il avait beau accentuer l'attitude militaire,
jouer les sous-lieutenants, on devinait toujours en
lui l'homme qui, le soir de Reischoffen, avait dit
cette parole profonde : « Je ne connais rien de plus
triste que la défaite, si ce n'est la victoire. »

Moltke, ce grand silencieux, disait volontiers,
en parlant de Frédéric-Guillaume :

« Il a peur de la guerre comme un Weimar. » Le
maréchal avait raison, et c'est bien l'impératrice
Augusta qui avait adouci ce que le sang des Hohenzollern avait de trop impétueux.

On a prétendu que Frédéric-Guillaume avait été
pressé de régner : on s'est trompé ; membre des
loges maçonniques, il avait suivi le développement
du socialisme, brutal chez les ouvriers, théorique
chez les professeurs. Il avait vu que toutes les parties difformes et disparates de l'empire pourraient
bien vivre ce qu'a vécu l'empire de Charlemagne.

Il comprenait les devoirs du gouvernement ; mais
il n'avait pas le vain désir du trône pour le trône.

Si le prince Frédéric n'aimait pas la couronne
comme les avares aiment leur or, on ne peut pas en
dire autant de l'impératrice Victoria.

En France, nous voyons tout avec les yeux de l'imagination ; nous avons fini par nous représenter celle qui est aujourd'hui la seconde impératrice douairière comme une muse, ou comme une bienfaisante Egérie, désintéressée de tout ce qui n'est pas son mari.

Nous avons tellement admiré l'épouse que nous avons oublié la princesse ambitieuse — d'une honnête ambition — mais ambitieuse. Pour comprendre ce qu'avait dû souffrir pendant trente ans d'inaction la fille du prince Albert, il faut se rappeler qu'en 1855, lors de son mariage, Guillaume Ier était si malade, qu'on le croyait aux portes du tombeau.

Dans les conditions du contrat on avait si bien agi sous cette impression, que les conditions d'un douaire, pour la princesse impériale, n'avaient pas même été indiquées.

Si Frédéric était mort kronprinz, sa veuve aurait été réduite à cent cinquante mille francs de pension.

A ces circonstances, il faut ajouter le caractère et le tour d'esprit de la princesse.

A quinze ans, elle se préparait au mariage en étudiant l'histoire romaine.

A dix-neuf ans, entre deux grossesses, elle adressait à son père un rapport de 80 pages in-folio sur la question de la responsabilité des ministres.

On a beaucoup appuyé sur le côté romanesque

de cette union vue à travers la nébuleuse poésie des mémoires de la reine Victoria.

Toute l'Europe sait comment, en 1855, le prince fit sa demande : dans une promenade, il cassa une branche de fleur des prés, symbole du bonheur conjugal, et l'offrit à Wicky.

On sait que jusqu'au dernier jour de sa vie le prince fut amoureux de sa femme.

On s'amusait de tous ces jouets de l'histoire, comme dit M. de Talleyrand, et l'on oubliait qu'il entre dans la destinée des princes de mêler la politique à tout, même à l'amour.

En réalité, le mariage de Frédéric III avec la princesse Victoria avait été plus qu'un roman : c'était un acte politique d'une haute portée.

Avant lui, les Hohenzollern se mariaient rarement à l'étranger. Le premier en date de la ligne royale de Prusse, Frédéric-Guillaume Ier avait bien épousé une fille de la Grande-Bretagne ; mais, après lui, Frédéric II, Frédéric-Guillaume III et ses deux fils, Frédéric-Guillaume IV et l'empereur Guillaume Ier, en un mot, tous les rois de Prusse, avaient l'habitude de se marier en Allemagne, comme pour s'y faire des clients et s'y ménager des alliés, tantôt à la cour des ducs de Brunswick, tantôt à celle de Mecklembourg, tantôt à celle de Bade.

En devenant l'époux d'une princesse d'Angleterre,

l'empereur défunt avait donc grandi sa situation.
Il n'apportait, d'ailleurs, à la femme distinguée
qui consentait à partager sa vie que des satisfactions
lointaines : la promesse d'un trône sur lequel était
assis alors un roi malade; mais qui, après lui, revenait à un Prince royal dans la pleine vigueur de la
santé et dans tout le rayonnement de son intelligence.

Il ne faut donc pas s'étonner de l'ascendant que
la princesse Victoria prit, dès la première heure,
sur son époux; cet ascendant, elle n'eut pas de
peine à l'entretenir, grâce à la nature sérieuse et à
la culture générale de son esprit. On dit qu'ensuite
elle l'exagéra et que, après avoir produit l'admiration autour d'elle, elle éveilla bientôt des préven-
tions à la Cour et des susceptibilités dans le public.
Une certaine liberté de penser et de juger, une disposition constante à tourner en ridicule les préjugés germaniques : il n'en fallait pas davantage pour
soulever contre la princesse les murmures d'une
société enchaînée par l'étiquette la plus méticuleuse.

Mais ce n'était là qu'un épisode de son caractère:
le fond en était ouvert aux idées libérales, et dès
ce moment, le prince son mari passait pour les
refléter, pour y être attaché malgré toutes les pré-
ventions qu'elles déchaînaient contre lui.

Nous avons dit dans quelles mesures ce courant
d'opinion était justifié.

Le public supposait que le régime parlementaire allait s'installer en Allemagne avec toutes les fleurs fanées de sa rhétorique. On croyait que le fils de Guillaume Ier allait faire glisser la Prusse sur la pente douce des institutions anglaises. Bismarck craignait tout cela ou feignait de le croire, pour le mieux éviter. Voilà pourquoi l'avènement de Frédéric III, sans ébranler le chancelier dans sa toute-puissance, l'avait dérouté dans les habitudes de sa vie.

En réalité, il ne craignait qu'une personne au monde : une femme, l'Impératrice Victoria. Des prétentions politiques, qui avaient d'abord semblé spirituelles et charmantes de la part d'une jeune femme, apparaissaient chez la princesse mûre comme des crimes de lèse-nation.

On répétait tout bas le mot cruel de Bismarck.

« Victoria a pourri le sang des Hohenzollern. »

Le jour où le chancelier lançait cet anathème, il oubliait sans doute que la main paralysée de Guillaume II est la petite fille de la main scrofuleuse de Guillaume Ier, il oubliait enfin l'état mental dans lequel Frédéric-Guillaume IV avait dû descendre du trône.

Dans le gouvernement allemand, la lutte était ouverte, à l'avénement de Frédéric III.

Mais elle n'était pas entre Frédéric et le chancelier ; elle était entre Bismarck et Victoria.

Pour l'organisation intérieure de l'empire et de la Prusse, les idées de Frédéric III était certainement en divergence avec celles qui s'appliquent à Berlin, sous la rude main de M. de Bismarck. Frédéric III eût admis à la rigueur que l'Allemagne fût gouvernée en dehors de toute intervention du Parlement : ce n'était pas son système, mais c'était, à ses yeux, un système. En revanche, il ne comprenait pas que le parlement allemand fût traité comme un décor, qu'on lève ou qu'on abaisse selon les convenances d'un premier ministre; il voulait l'entente entre la représentation nationale et la Couronne, il repoussait de toutes ses forces la subordination systématique, absolue, de la première à la seconde.

En tout cas, ce n'est pas sous son règne que M. de Bismarck aurait été autorisé à répéter à la représentation nationale ce qu'il lui avait dit en 1882 :

« Si le roi de Prusse voulait me congédier, je prendrais avec plaisir congé de vous, sans désirer vous revoir. »

En matière de politique étrangère, tout autres auraient été les relations de Frédéric III et de son chancelier.

Rien de plus grotesque que les rêves rêvés par certains Français. J'en connais qui voyaient déjà le nouvel empereur offrir à la France, sur un plateau d'argent, les provinces qu'il avait aidé à conquérir.

Peut-être le kronprinz avait-il désapprouvé la guerre de 1866... avant de la commencer.

Mais il en avait accepté les conséquences avec ardeur, toutes les conséquences, même la campagne de 1870.

L'unité de l'Allemagne, voilà le trait d'union qui aurait toujours lié Frédéric III et son chancelier, voilà le grand mot dont se serait servi avec succès M. de Bismarck pour faire accomplir à son souverain de grands actes politiques ou..... de grands méfaits.

MÉDECINE POLITIQUE

MÉDECINE POLITIQUE

San Remo : Un long corridor de maisons, suivant la mer en double rang de bataille.

L'envers, le côté de la montagne, triste, sombre,
non pas comme un village italien, mais comme
une petite ville de l'Allemagne du Nord; l'autre
côté, celui qui a vue sur la mer, gai, vivant,
bruyant comme tout ce que la Méditerranée baigne
de son immuable bleu, voilà le petit coin du monde,
à une heure de la frontière française, où un père
est venu fuir la mort, où un fils est venu faire la
chasse au trône pendant l'hiver 1887-88.

Tout au bout de la Grande-Rue, trois villas sont
semées dans un grand parc de palmiers, d'orangers
et d'oliviers. La première, celle qui est placée le
plus près de la mer, en face l'hôtel de la Méditerranée, est une grande maison italienne, ornée d'un

péristyle, couverte d'un toit en forme de terrasse. C'est là où Frédéric-Guillaume de Prusse souffrira toutes les souffrances physiques ; c'est là où la princesse Victoria, sa femme, subira toutes les tortures morales.

Là aussi, une bande de charlatans médicaux escomptera le décès du malade pour le compte de M. de Bismarck, ou montera sur les tréteaux britanniques de l'arracheur de dents.

A droite de la villa impériale, seconde maison : celle-ci est dans un goût pseudo-gothique. Elle est fort petite et n'a pas l'aspect très confortable, elle est pour les gens de la suite.

Enfin, tout au sommet de la colline, un élégant chalet domine la mer, le parc et la ville. C'est l'habitation privée de la famille Zirio.

Souvent les princesses monteront le petit sentier et viendront chercher un moment d'aimable et fine causerie avec la très charmante Française qui, pendant des mois, s'ingéniera à entourer le séjour des princes de tout le confortable possible.

Le début des relations entre LL. AA. et leurs propriétaires fut singulier. Frédéric faillit ne pas pouvoir se coucher en arrivant. On avait apporté des draps d'Allemagne, de très gros draps, mais si étroits qu'ils remplissaient juste la moitié des lits de la villa. Il fallut que madame Zirio mît à la disposition des princes son propre linge.

Ce prêt gracieux rompait la glace et faisait de l'hôtesse une amie.

L'entourage des princes était curieux. Voici d'abord les médecins, les vrais maîtres de céans, ceux qui, pendant des mois et des mois, fixeront l'attention publique, moins par leur valeur médicale que par leurs querelles.

Figures peu sympathiques que celles de ces docteurs choisis, ou plutôt trouvés à la hâte. Laissons de côté les comparses, les aides, les Brahmann, les Hauser, les Howell, les médecins de passage aussi comme Lawer et Kussmann.

Deux hommes sont intéressants à étudier, Mackensie et Bergmann.

Mackensie est l'élu de l'Angleterre, il a la confiance de la reine Victoria, partant aussi de la princesse impériale.

La mérite-t-il ? c'est ce que nous allons voir.

Regardons-le dans son rôle après la mort du malade pour le mieux connaître.

Il passe en Hollande, en Belgique, en France, cherchant une gloire malsaine dans une réclame posthume.

— Comment se fait-il que vous n'ayez pas été voir votre vieille connaissance, le docteur Mackensie, pendant son séjour à Paris ? me demandaient un jour quelques amis.

— Je l'ai vu si souvent, répondis-je en riant, et il m'a dit des choses si différentes, pour ne pas dire si opposées, que j'aurais craint cette fois de le forcer à se démentir... ou à me démentir.

J'étais prophète sans le savoir.

Sir Mackensie a causé avec le rédacteur du *Figaro* autant et aussi longtemps qu'on a voulu, et encore avec un rédacteur du *Matin*. Puis, avec le calme le plus britannique, il a juré ses grands dieux qu'il n'avait rien dit.

Ce petit fait éclaire la figure du docteur, non pas d'un jour nouveau, mais d'un jour plus « lumineusement » public.

Un charlatan, sir Mackensie ! Non pas; mais un médecin moderne. Il possède la science un peu; l'art de la réclame, beaucoup.

Je l'ai vu souvent, et toujours il m'est apparu semblable à lui-même.

A San-Remo, drapé dans un mac-farlane à carreaux, il se promenait du matin au soir sur les grandes routes, dans une sorte de petite victoria de forme bizarre. Sa tête de cire jaune ridée, ornée de favoris ni poivre, ni sel — entre les deux — disparaissait sous les ailes d'un chapeau mou qui avait été gris.

Immobile, il ne regardait rien : il se faisait regarder. Il fallait voir avec quelle lenteur il montait les marches de la villa Zirio. Il semblait porter le poids d'un secret d'Etat; il le portait en effet, mais s'en déchargeait assez volontiers.

La première fois que je le rencontrai, il me parut avoir, pour le secret professionnel, le plus profond mépris. Il me donna, sur les origines de la maladie du Prince, des détails si précis, que j'eus grand soin de n'en pas publier un mot.

Huit jours après, il soutenait une théorie absolument opposée. Il me déclarait que l'Empereur n'avait ni un cancer ni la maladie de jeunesse dont il avait été si souvent parlé.

La seconde fois que je vis le docteur Mackensie, il venait d'être mis à la porte par le prince Guillaume, qui l'avait traité de *vieux reporter à revers de soie.*

Ce jour-là, il feignait de ne pas comprendre l'allemand et se retranchait derrière son respect pour la princesse Victoria, son obéissance à la reine d'Angleterre.

Troisième incarnation : sir Mackensie triomphe. Le Prince va mieux. Bergmann est remisé au magasin des accessoires inutiles. Le vieil Empereur meurt, et le nouvel empereur d'Allemagne arrive à Charlottenbourg, avec son fidèle médecin. Selon le mot de l'Impératrice : « Le sauveur ne quittera pas le sauvé. »

Enfin l'Empereur est mort; l'Impératrice, folle de douleur, n'est plus là pour protéger les Anglais;

Mackensie est prisonnier : pendant six heures, il est sous les verrous comme un malfaiteur. Guillaume II a donné des ordres. Ce que virent les deux sujets de Sa Majesté britannique dans leurs rêves, pendant leur dernière nuit à Potsdam, ne dut pas être gai. L'ombre du médecin de Louis II, du *noyé par persuasion,* comme l'appelait un funèbre plaisant, dut leur apparaître. Mackensie, plus mort que vif, adressait au prince de Galles des billets qui restaient en route, et ses papiers — pas tous — disparaissaient.

En France, les médecins ont pour mission de conduire leurs malades jusqu'au tombeau exclusivement. L'usage les dispense d'assister aux funérailles. Quand ils ont été vaincus par la mort, ils se vengent en n'accompagnant pas le mort.

A Berlin, la mode est différente.

Dans l'église de Potsdam, le jour des funérailles de Frédéric III, pendant la cérémonie, je regardais sir Morell Mackensie, appuyé contre un pilier, vêtu d'un bel uniforme (?) vert à broderies d'argent.

Il avait l'air de suivre l'enterrement de sa gloire autant que l'enterrement de l'Empereur. Vaincu par la mort, il a voulu se réhabiliter devant les vivants. Il avait en France la réputation d'un médecin malheureux mais dévoué; il s'est enseveli dans le ridicule d'un quêteur d'interviews.

Bergmann, lui, est un tout autre personnage. Sa science est incontestable, sa franchise fort discutable,

Gros, lent, embarrassé de tout et pour tout, solennel comme s'il portait des reliques, mystérieux comme une nuit d'orage, noyé jusqu'aux yeux dans une barbe blonde, emporté, violent et grossier, voilà le personnage. Il se querelle avec tout le monde, avec ses aides comme avec le médecin anglais.

La lutte est d'ailleurs si vive entre les médecins que toutes les armes servent.

Un beau jour, Bergmann s'absente, Brahmann en profite pour opérer la trachéotomie. Ce jour-là, on n'était pas gai à la villa Zirio. Eh bien ! on ne put s'empêcher de rire qand on vit la colère, la rage de Bergmann à son retour. Il voulait recommencer. Si on l'avait cru, on aurait trouvé une nouvelle trachée à couper. En même temps, Mackensie déclarait que l'opération faite était mal réussie.

A partir de ce moment, les docteurs de Berlin ne quittèrent plus le malade. Ils l'ennuyaient, le fatiguaient si bien, qu'un jour Frédéric, réveillé en sursaut, leur dit — il parlait encore :

« Pourquoi ne me laissez-vous pas souffrir tranquille ? »

A la fin de février, Mackensie semblait pourtant vaincu. Il avait un beau jour trouvé les appartetements de son malade fermés devant lui. Il se

retira sous la tente pendant trois jours. Un matin,
il était six heures, je vis l'Impératrice traverser en
courant le jardin de l'hôtel de la Méditerranée.

Elle venait, l'héroïque femme, oublieuse de son
rang, oublieuse de l'étiquette, oublieuse de l'uni-
vers, supplier *son* médecin de revenir : l'Empereur
allait plus mal. Le docteur Mackensie partit pour
la villa Zirio. A ce moment, l'espoir faillit renaître.
Une canule nouvelle, une canule anglaise, faisait
merveille. L'Angleterre recevait des dépêches optimistes, tandis que Bergmann promenait son pessi-
misme à travers les rues de San-Remo ou allait
porter à Vintimille des dépêches alarmantes.

Puis Guillaume et son acte d'abdication arrivent.
Où va le fils en descendant de wagon ? Pas auprès
de son père : auprès de Bergmann, et là, dans
une chambre de l'hôtel, il discute le pour et le
contre avec le médecin. Bergmann promet la
mort prompte, promet une opération décisive
pour ou contre, promet tout ce que l'on voudra,
pourvu que sir Mackensie prenne la route de l'exil.

Le prince Guillaume transforme le docteur en
diplomate. On lui adjoint un plénipotentiaire déguisé en médecin, M. Kussmaul, de Strasbourg, et
les deux augures déclarent que l'opération du larynx ne peut être faite qu'à Berlin !

La Princesse répond que le voyage à travers la

neige serait un singulier traitement préparatoire.

Elle résiste : elle défend son mari contre son fils. Elle ouvre la porte et dit :

« J'en ai assez, messieurs; si vous venez pour faire autre chose que soigner mon mari, je ferai appeler des médecins étrangers, qui feront leur devoir. »

La Faculté allemande sort de la villa Zirio pour n'y plus rentrer.

Auprès ou à côté des médecins, il y a deux personnages intéressants dans la villa Zirio; l'un est le comte de Seckendorff, l'autre, le comte Radolinski.

Le comte de Seckendorff apparaît dans le drame impérial comme un de ces héros des romans de cape et d'épée qui, sans jouer les premiers rôles, occupent le premier rang dans la sympathique affection du lecteur. C'est un chevalier descendu d'un vitrail.

Respectueux et dévoué, énergique avec les hommes, doux avec les femmes, il marche droit dans la vie sans regarder à côté : il a un but; il a un culte. Il a mis sur un piédestal très haut la princesse auprès de laquelle son service l'a placé. Et pour prix de son dévouement, de sa haute vertu, il recevra des injures et des insultes. A lui, peu lui importe. Mais le jour où, dans un sentiment de basse haine, on attaquera à cause de lui *sa Dame*, son Impératrice, ce jour-là il deviendra beau de fureur. Le jour où les créateurs de calomnie, ou les serpents officiels de Berlin siffleront dans les rues : *les amours du comte de Seckendorff et de l'Impératrice,* ce jour-là le comte de Seckendorff souffrira tout ce qu'un homme peut souffrir dans le culte de sa vie.

A Berlin comme partout les messagers de mauvaises nouvelles sont rapides. Le comte de Seckendorff sait vite ce que l'on a inventé pour le perdre; obéissant aux ordres de son honneur, il se rend chez lui, il écrit une lettre à l'Empereur pour donner sa démission.

Au moment où il va faire porter ce dernier adieu, il reçoit un message de Frédéric III qui renferme simplement ces mots :

« Je regrette, mon cher comte, de vous priver de votre liberté ce soir, mais je veux que vous soyez avec nous. »

Une telle lettre de souverain à chambellan est aussi honorable pour celui qui l'écrit que pour celui qui la reçoit.

Voilà le grand incident officiel du comte de Seckendorff, mais ce que l'on ne peut pas raconter, ce qu'il faudrait un volume pour analyser, ce sont les souffrances de tous les instants, les humilia-

tions de toutes les heures que subit le chevalier
servant de la princesse Victoria.

Il doit veiller à tout et pour tous. Son action doit
s'étendre des actes les plus importants aux moindres
détails de la vie, et dans son esprit Frédéric n'est
pas séparé de la Princesse. Il doit être renseigné
sur ce qui se passe à Berlin, ce qui est difficile, et
sur ce qui se passe à San-Remo, ce qui est encore
plus difficile.

C'est que, si dans la villa Zirio il y a un
chevalier de roman, il y a aussi un traître de mélo-
drame : le comte Radolinski. Polonais d'occasion,
policier de profession, égaré dans les charges de
Cour, capable de tout ce qui est vil, comme Seckendorff est capable de tout ce qui est noble, Radolinski est la sentinelle avancée du chancelier de
Bismarck. Il est entré dans la Cour du Kronprinz
ar surprise, on l'y maintient par faiblesse. Son
métier est très simple. Tous les soirs il envoie par
express un double rapport. La première partie
traite uniquement des questions médicales, la seconde donne le récit heure par heure des actes et
des paroles de la famille impériale.

Radolinski écoute aux portes, corrompt les valets,
décachette les lettres, lit les télégrammes, en un
mot fait tout ce qui regarde son métier, la haute
et la basse police.

Le physique révèle le moral : Radolinski à quelque chose de faux dans le regard et de crasseux dans toute sa personne. Hier, il n'était pas comte. Depuis le mois de juillet il est prince.

Le chancelier sait payer les agents dont il se sert, mais il a aussi l'art de leur jeter avec mépris leur salaire au visage. Être prince, c'était toute l'ambition du grand chambellan. Il avait souvent sollicité auprès de son maître cette dignité, et Bismarck lui avait toujours répondu comme un prince français répondait jadis au cardinal Dubois, sollicitant une faveur du même genre.

Un jour pourtant, le chancelier voulut bien donner le titre, mais il dit avec ironie à Radolinski :

« Avec le nom que vous avez là et le métier que vous faites il est difficile de vous faire prince, nous allons *vous abréger!* » Voilà pourquoi le pseudo-comte Radolinski est devenu le prince Radolin.

Mais ce sont là événements d'hier, je ne les ai contés ici que pour mieux faire connaître les personnages de San-Remo : les portraits des hommes sont les clefs des événements.

La première période du séjour à la villa Zirio, celle où officiellement le prince était souffrant — point même malade — cette période est courte, c'est celle des promenades en voiture le long de la côte, des excursions à pied dans la montagne.

Partout, sur les grands chemins et dans les petits sentiers on rencontre des membres de la famille impériale : c'est Frédéric appuyé sur le bras de sa femme, lui, souriant, elle, essayant de sourire ; c'est le prince Henri faisant avec ses sœurs et sa fiancée la princesse Irène de Hesse, de longues cavalcades que de bruyants éclats de rire révèlent de loin. Le soir c'est la princesse Victoria toute seule ou accompagnée par Mlle de Perpignan, allant porter elle-même des secours aux pauvres du pays.

La population exotique de San-Remo n'est pas encore arrivée. Les indigènes ont d'abord regardé avec curiosité cette famille princière, puis ils l'ont contemplée avec un respect sympathique. Huit jours après son arrivée, Frédéric avait déjà su se faire aimer.

Aussi ce fut un jour de tristesse pour tous que celui où l'on annonça le premier évanouissement du prince Frédéric sur la terrasse de la villa Zirio, c'était le 7 novembre. A dix heures du soir, les médecins, un Anglais et six Allemands, se réunissent en grande consultation secrète, dans le salon de l'hôtel de la Méditerranée ; ce n'est pas le traitement médical du prince qui les préoccupe, c'est son traitement politique.

Le prince ne peut plus respirer, les tumeurs succèdent aux tumeurs dans la gorge en putréfaction. Faut-il faire une opération ?

Dans l'après-midi, le comte Radolinski a réuni les médecins et leur a dit : «Par ordre de l'Empepeur Guillaume Ier, mon maître, il faut ramener le prince impérial à Berlin. Donnez une consultation dans ce sens. »

Le matin même, le comte Radolinski avait reçu par Porto-Maurizio trois dépêches du chancelier lui donnant des ordres en ce sens.

Ce que fut la consultation des médecins dans la soirée, tout le personnel de l'hôtel de la Méditerranée se le rappelle encore. On aurait cru à une assemblée de voleurs se disputant une proie, plutôt qu'à une réunion de savants. Seul contre cinq le docteur Mackensie déclare qu'il est impossible de quitter San-Remo. Il soutient son opinion avec le calme le plus insulaire, quand tout à coup le docteur Krause se lève et crie dans la figure à son confrère :

« Va-t-en soigner ton Anglaise et laisse-nous obéir aux ordres de notre maître. »

Le docteur Mackensie, sans plus s'agiter, ramasse son bagage littéraire, réunit ses notes et se retire en bon ordre. Ce que devint la consultation après le départ de l'Anglais est facile à deviner ; le lendemain matin, les cinq oracles germaniques déclaraient qu'il fallait partir et aller tenter, à Berlin, l'opération de la trachéotomie.

L'impératrice prévenue depuis la veille par le docteur Mackensie répondit simplement :

« Nous ne partirons que sur l'ordre de l'Empereur ou sur le conseil de mon médecin le docteur Mackensie. »

Deux heures après, le chancelier connaissait cette réponse, et le 9 novembre le prince Guillaume arrivait à San-Remo avec le mandat impératif d'obtenir le retour à Berlin ou l'abdication éventuelle de son père. En même temps, le comte de Seckendorff était averti par son service privé du but du voyage et l'on attendait de pied ferme à la villa Zirio le mandataire du chancelier... ou plutôt on ne l'attendait pas du tout, car il ne trouva à la descente du train que le fidèle Radolinski et le docteur Krause.

Bien qu'il eût des appartements à la villa Zirio, le jeune homme dût se contenter d'une maigre installation à l'hôtel de la Méditerranée, et pendant trois jours on le vit déambuler en compagnie de son seul aide de camp. Il avait besoin de renseignements, il lui fallait les éléments d'un rapport complet à son grand-père, il ne recula devant rien et se mit à faire les visites les plus bourgeoises, interrogeant le plus possible, répondant le moins possible. La mort de son père était sa grande préoccupation, son grand désir, il ne le dissimula même pas, il posa volontiers en souverain, fit des théories politiques, et termina son rapide séjour par une violente querelle avec la princesse Victoria.

Le 12 novembre, à huit heures du soir, la princesse revenait d'une visite de charité et montait le sentier de la villa Zirio, quand son fils la rencontra et lui dit :

« Je partirai demain, ma mère, et dois vous parler longuement ce soir. »

La conversation fut longue en effet et orageuse aussi. Guillaume commença par déclarer que si le prince impérial mourait il faudrait tenir sa mort cachée pendant un jour ou deux.

« Vous faites de l'escompte, répondit en anglais la princesse indignée. »

Puis on aborda la question du conseil de régence. Il s'agissait de persuader à la princesse impériale d'y prendre part.

« Sur ce point — déclara Son Altesse — ma détermination est toute prise sans que vous ayez besoin d'insister. Ma place est auprès de mon mari, et je ne le quitterai point ! »

C'est alors que le prince Guillaume s'oublia jusqu'à frapper avec violence la table avec la canne qu'il tenait à la main.

La princesse sortit sans mot dire et longtemps pleura dans sa chambre.

Le lendemain matin, le prince Guillaume partait comme il était venu, c'est-à-dire sans être accompagné d'aucun membre de sa famille.

Comment Frédéric connut-il la scène entre la

mère et le fils, on l'ignore, toujours est-il que, le lendemain, il écrivait à l'Empereur Guillaume Ier une
lettre de quatorze pages qui se terminait par ces
mots :

« Fils et sujet, je vous obéirai toujours, avec le
respect et l'admiration que je vous ai voués, mais je
veux que mon fils demeure respectueux de sa mère
et de moi, il le doit à nous et à vous surtout, mon illustre père.»

Sur ces entrefaites, les médecins allemands re-
çurent l'ordre de déclarer l'Empereur atteint d'un
cancer.

La consultation eut lieu. Le docteur Mackensie
signa avec les autres; c'est ce document que la
chancellerie a fait publier le 12 juillet dernier à la
suite du fantaisiste rapport des médecins de Berlin.

Le cancer déclaré, reconnu par tous les médecins,
c'était la maladie incurable constatée. Dans ce cas
— mais dans ce cas seulement — l'abdication éventuelle du prince Frédéric devenait de fait et de
droit. Mais on avait compté sans la princesse Victoria et la reine d'Angleterre.

Sir Mackensie feignit une grande indignation
d'avoir été relégué au second plan, et il partit pour
l'Angleterre.

Au bout de huit jours il revint, examina la gorge
du prince et nia le cancer.

3.

A partir de ce jour jusqu'à la mort de l'Empereur, fidèle au serment fait à deux femmes, il ne sortira pas de cette déclaration.

Ce mensonge est peut-être un méfait médical, mais au point de vue humain c'est un acte que l'on doit applaudir dans le chevaleresque pays de France.

Quant au prince impérial, à partir de ce jour il sait à quoi s'en tenir, il est perdu, irrémédiablement perdu.

Il a voulu voir le docteur Schrœtter avant le départ de ce médecin.

« Est-ce le cancer, lui a-t-il demandé ?

— Altesse, c'est une excroissance maligne ! »

Et en faisant cette réponse Schrœtter est devenu pâle comme un mort.

Le prince sait en outre que la maladie incurable a pour cause lointaine et aggravante la syphilis.

Il a lu que le cancer, lorsqu'il doit se produire, se développe plus facilement chez les syphilitiques dans les régions du gosier. La vie du Prince sera une longue préparation à la mort, mais aussi une préparation au trône. Il veut régner, ne fût-ce qu'un instant, à cause de la princesse.

Depuis le mois de janvier jusqu'au mois de février un mieux se produit. Mais à partir du 11, les crises succèdent aux crises. Les mieux deviennent plus courts. Les aggravations plus longues.

Il est difficile de s'imaginer un plus cruel spectacle que celui de cette lutte à double face.

Changement de canule, changement de traitement, tel est le programme monotone de la vie du patient.

A un récit fait après coup, il est préférable de donner les notes prises au jour le jour avec une sympathie réelle et un respect sincère.

NOTES D'UN TÉMOIN

NOTES D'UN TÉMOIN

Le Kronprinz a passé une nuit relativement bonne ; il a eu toutefois un peu de fièvre ; c'était prévu, du reste.

Il est toujours couché dans le grand salon jaune du rez-de-chaussée. Il est calme, il ne parle pas ; de temps à autre, il sommeille.

Le Prince continue, comme avant l'opération, à prendre des aliments, mais seulement à l'état liquide. Il ne quittera pas le lit avant cinq jours.

La famille impériale, encouragée par le docteur Mackensie, est moins alarmée. Vis-à-vis des étrangers, elle affecte même une confiance entière.

Aussitôt l'opération terminée, des télégrammes

ont été adressés à l'empereur Guillaume et à la reine Victoria, au prince de Galles, etc. La dépêche parvenue au prince de Galles était ainsi conçue :

« Trachéotomie a eu lieu à quatre heures sans » difficulté et sans souffrances.

» Louis. »

La princesse Victoria a adressé aujourd'hui à sa mère et à son père des télégrammes plus confiants.

Le docteur Bergmann est arrivé avec le comte Radolinski.

Le docteur Brahmann les attendait à la gare.

L'opération étant faite, le docteur Bergmann sera consulté sur le traitement à suivre.

On attend, d'un instant à l'autre, le docteur Schrœtter, de Vienne ; dès son arrivée, il y aura une grande consultation des médecins, dans laquelle on décidera s'il y a lieu de procéder à l'ablation partielle ou totale du larynx.

San-Remo, 21 février, 7 h. 15 soir.

Le grand-duc de Bade, qui avait été accompagné à la gare de Cannes par l'empereur du Brésil, a dit à quelqu'un qui l'attendait à Nice :

— Je m'arrête ici quelques instants seulement,

car je crains d'être obligé de partir par le train de sept heures pour San-Remo.

« J'ai de mauvaises nouvelles. »

A San-Remo, la conviction générale est que le Kronprinz est au plus mal. La villa Zirio est inabordable, même pour les Allemands qui voudraient aller s'y inscrire ; les domestiques n'acceptent plus les cartes qu'on voudrait faire passer.

Les docteurs allemands ne quittent pas leur malade ; ils ne viennent plus dîner à l'hôtel.

Depuis hier, on n'a aperçu ni la Princesse impériale ni ses filles ; les domestiques sont consignés.

Pour la première fois, le bulletin que l'on avait l'habitude d'afficher au Consulat d'Allemagne n'a pas été renouvelé ce soir à sept heures.

« Soyez sûr, me disait un personnage bien informé, que, si le Prince mourait, votre journal (1) le saurait par Berlin avant que vous le sachiez ici. »

Le désespoir des Allemands qui remplissent la ville est intéressant à observer. Tous font l'éloge du « prince Fritz » comme si, déjà, ils parlaient d'un mort.

San-Remo a pris l'aspect d'une petite ville prussienne. La température complète l'illusion.

(1) Le *Gaulois*.

San-Remo, 9 h. 55 soir.

Le duc de Bade est arrivé à San-Remo par le dernier train, comme il l'avait laissé pressentir à Nice ; il s'est rendu directement de la gare à la villa Zirio, qu'aucun médecin n'a quittée de la journée.

Les grands rideaux de la chambre du Kronprinz sont restés fermés.

Les médecins craignent un étouffement. Le froid a donné au malade un rhume très fort et, comme la canule, trop longue, a déchiré le larynx, à chaque accès de toux, le Kronprinz « souffre le supplice », a dit le docteur Mackensie à un médecin de la localité, dont je tiens les détails qui précèdent.

San-Remo, mercredi minuit 15.

J'ai été reçu, hier soir, par le docteur Mackenzie.

« Vous venez me questionner sur l'état du Kronprinz ? — m'a-t-il dit.

— Parfaitement. L'opération a-t-elle été bien faite ?

— Certainement, le docteur Brahmann s'en est fort bien tiré.

— Que pensez-vous des soins donnés après, au malade ?

— Je suis un peu embarrassé pour vous répondre... je crois que les médecins allemands n'ont pas fait leur possible pour prévenir les suites fâcheuses.

« On s'est mépris sur ce que je redoutais après l'opération ; ce qui m'inquiétait, c'était de voir survenir une bronchite occasionnée par l'introduction de l'eau froide par l'ouverture de la canule.

— Prévoyez-vous le rétablissement prochain du Kronprinz ?

— C'est là une question trop grave pour y répondre *ex-abrupto*. »

Sur ce mot, le docteur Mackensie a pris congé de moi pour retourner à la villa Zirio, où allait avoir lieu une consultation avec les docteurs Brahmann, Bergmann, Howell, Schrader et Krause.

San-Remo, 22 février, 4 h. 40 soir.

Aujourd'hui même, malgré tous les démentis qu'on pourra donner, commence un traitement par l'iodure de potassium.

La princesse Victoria a supplié le docteur Mackensie de reprendre la direction du traitement.

« L'opération a été faite malgré moi, a répondu le docteur anglais, je ne puis en assumer la responsabilité. Mais, puisque tout échoue, je vais essayer un traitement par l'iodure. »

Le découragement du Prince impérial est extrême ; devant l'héroïque dévouement de la princesse, il essayait de faire illusion aux autres, et peut-être illusion à lui-même ; mais, aujourd'hui, il renonce à la lutte. Ce matin, il a dit :

« Mourrai-je sans avoir béni mon fils aîné ? »

L'absence du prince Guillaume est fort remarquée et commentée.

On demandait à un personnage de l'entourage si le prince Guillaume ne viendrait pas :

« C'est inutile, répondit ironiquement le comte X... ; il n'est plus nécessaire de faire abdiquer un mourant. »

On se rappelle que, en novembre, le Prince vint à San-Remo, porteur d'un acte d'abdication que la princesse Victoria refusa de laisser présenter à son mari.

Depuis lors, le prince Guillaume n'a plus reparu.

La gorge du Kronprinz est dans un état de putréfaction complet et répand une telle odeur que le séjour dans la chambre est impossible.

Aujourd'hui à midi, le gonflement avait tellement augmenté, qu'il a été impossible de changer le tube.

J'ai demandé à un médecin étranger si, comme le prétendent les chirurgiens, du pus s'écoulant sur les bronches par le tube, provoquerait la mort im-

médiate ; le médecin m'a affirmé que non, mais
qu'un dépôt pourrait s'en faire lentement, s'accu-
muler et empoisonner le malade au bout de quelques jours.

San-Remo, 8 h. 40 soir.

Ce matin, des nouvelles alarmantes sur la santé
du Prince impérial circulaient, malgré les dépêches
optimistes. On parlait de nouvelles suffocations très
douloureuses et d'un état de faiblesse extrême.
Mais, à deux heures, le Kronprinz a paru sur la
terrasse de sa chambre ; il était appuyé sur le bras
de la Princesse et sur l'épaule du docteur Mackensie.

A cette heure, les promeneurs étaient nombreux
sur la route, et les habitants de l'hôtel de la Méditerranée, situé en face de la villa, étaient dans le
jardin.

Un long hourra a accueilli la présence du Prince,
qui a salué d'un geste. Le malade était vêtu d'une
longue pelisse, couvert d'un châle, et coiffé d'une
épaisse toque de fourrure qu'il a voulu soulever
pour saluer. Le docteur l'en a empêché. Le malade
semblait vouloir rester sur la terrasse, mais on l'a
entraîné dans son appartement au bout de deux
minutes. Sa physionomie est très changée : sa
longue barbe, sans être rasée, a été raccourcie pour

l'opération; ses yeux s'enfoncent sans vie dans une orbite démesurément agrandie.

L'usage de la morphine et du chloroforme a tiré ses traits et donné à son visage un teint terreux. Il est courbé en deux, en résumé, méconnaissable pour qui l'a vu en novembre.

Immédiatement après cette sortie, les médecins sont descendus en ville, et le docteur Mackensie a envoyé à quatre journaux anglais des nouvelles optimistes. On sait que ce médecin s'est fait le correspondant régulier de plusieurs feuilles.

Mais le docteur Bergmann, prenant une voiture, s'est rendu à Vintimille, d'où il a expédié au docteur Virchow, à Berlin, une dépêche ainsi conçue, en allemand :

« Prince sorti, aujourd'hui, une minute, malgré
« moi; fièvre calmée, mais toux violente et vives
« douleurs dans gorge. Impossible donner nou-
« velles certaines sur état réel avant cicatrisation
« complète plaie, qui sera terminée avant huit jours
« si tout va bien. Etat stationnaire, nouveau trai-
« tement commencé par Mackensie.

« Bergmann. »

Les derniers mots de cette dépêche font allusion au traitement par l'iodure de potassium, dont je parlais hier.

Je sais, de source certaine, que la sortie d'aujourd'hui avait un but politique ; elle a été exigée par la princesse, sur les bruits d'abdication nécessaire répandus à Berlin.

On a voulu prouver que le Kronprinz va mieux, et jusqu'à la dernière minute, son entourage immédiat maintiendra la note optimiste.

L'absence du prince Guillaume, toujours très remarquée, est très blâmée par les Allemands ici.

Un personnage important disait aujourd'hui : « Il vaut mieux qu'il ne vienne pas. Si Bismarck l'envoyait, ce serait pour apporter de nouveau un acte d'abdication, et cette proposition renouvelée avancerait l'heure fatale.

« D'ailleurs, la Princesse veille et empêchera aujourd'hui, comme en novembre, toute proposition de ce genre. »

En résumé, un drame politique se passe à la villa Zirio, à côté du drame de la vie, et on a exhibé, aujourd'hui, pour raison d'Etat, un malade.

San-Remo, 24 février, 10 h. soir.

Journée de sommeil et d'abattement. Les douleurs vives dans la gorge ont nécessité deux piqûres de morphine. Vu la faiblesse extrême du malade, le traitement par l'iodure a été abandonné. Peu de fièvre ; mais la toux qui est violente, arrache au malade des cris de douleur.

Le Kronprinz a de nombreux crachements rougeâtres mêlés de matières noires, ce qui est un symptôme des plus graves.

Un personnage bien informé m'a affirmé qu'un projet d'acte d'abdication allait être soumis officiellement au malade. La situation extrême rendant inadmissible cette nouvelle, j'ai été trouver le comte X..., ami personnel du Prince.

Le comte, qui a été très mêlé aux choses de la politique en 1878, vit aujourd'hui retiré, presque oublié, dans une magnifique villa, aux environs de Menton. Je lui ai demandé les causes de l'acharnement que l'on met à troubler les derniers jours du Prince, et voici le résumé de sa conversation :

« Pour comprendre, m'a-t-il dit, l'acharnement dont vous me parlez, acharnement trop réel, il faut bien connaître la haine qui sépare le grand-chancelier et le Prince héritier. Le caractère de M. de Bismarck, on le connaît; celui du Kronprinz est rancunier jusqu'à l'extrême; Fritz est bon, mais il ne pardonne jamais! Depuis vingt ans, M. de Bismarck travaille, sans réussir, à ruiner l'immense popularité du Prince héritier; mais, ce que le chancelier n'a pu sur l'opinion publique, il l'a pu sur l'Empereur.

« Seul, en Allemagne, le vieil Empereur doute des capacités de son fils; seul il a été mécontent de sa courte régence, en 1878.

« Or, Fritz n'est pas seulement un homme de

foyer, il est aussi un homme de gouvernement et un brillant général.

« L'inaction l'a tué; il a fait, sur le terrain libéral, une guerre sourde et énergique contre le grand-chancelier, et M. de Bismarck lui en a gardé une rancune éternelle.

« Ces sentiments de M. de Bismarck seraient suffisants pour expliquer le projet d'acte d'abdication; mais il y a une autre raison.

« Non seulement M. de Bismarck, mais aussi l'Empereur détestent la princesse Victoria; ils reprochent à cette héroïque épouse d'avoir pris trop d'influence sur son mari, de l'avoir *dégermanisé* pour l'*anglicaniser* par ses idées, ses théories politiques, son libéralisme.

« Fritz est plus de Londres que de Berlin.

« Voilà pourquoi les vieux Allemands craignent l'influence de la Princesse, tandis que sa bonté et son intelligence la font aimer du peuple.

« On est parvenu à arracher son fils aîné, Guillaume, à son influence. On veut, maintenant, qu'elle ne soit plus rien à la Cour, après le décès de son mari.

« Si le Kronprinz abdique, ce plan aura réussi; sinon, il faut constituer à la Princesse, sous une forme ou sous une autre, un douaire et une maison à la Cour de Berlin. Elle aura une influence nulle sur le jeune souverain lorsqu'il sera sur le trône, mais elle pourrait, par son ascendant personnel, en prendre sur l'entourage; tandis que, après l'abdication, elle devra rentrer en Angleterre et y vivre avec les cent cinquante mille francs de rente qui lui ont été constitués lors de son mariage.

« A cette époque, aucune précaution n'a été prise; personne ne songeait que le vaillant et vigoureux Fritz précéderait au tombeau son père déjà vieux.

« La proposition d'abdication est donc une vengeance du chancelier contre Fritz, une vengeance de la Cour contre la Princesse.

« Quant au fils, qui se prête à cette manœuvre, il montre quelle est la légèreté de son caractère, et prouve qu'il est mûr pour le trône par l'ambition seulement et non par le sens politique. »

Ainsi s'est exprimé le comte X...

Je puis ajouter qu'aujourd'hui comme hier les efforts de tous resteront impuissants contre l'énergie de la princesse Victoria, à la condition toutefois que le Prince impérial reste à San-Remo. Mais, s'il survenait une amélioration quelconque qui permît de ramener le Kronprinz à Berlin, si les médecins allemands se prêtaient à cette combinaison, tout serait possible.

Ces luttes politiques irritent profondément le prince de Galles et retardent l'arrivée de la reine d'Angleterre, si elles ne l'empêchent pas complètement.

Le prince Guillaume se rend à Carlsruhe, pour assister aux funérailles de Louis de Bade.

Aussitôt après, le prince Guillaume partira directement pour San Remo.

San-Remo, 25 février, 8 h. 30 soir.

Journée mouvementée. La nuit dernière, le Kronprinz a eu des étouffements jusqu'à minuit; ensuite il a sommeillé; mais il a été repris par de violents accès de toux, qui lui arrachaient des soupirs. Ce matin, à dix heures, une amélioration sensible dans l'état nerveux s'est produite; le docteur Mackensie, qui avait passé la nuit auprès du Kronprinz, a recommencé le traitement par l'iodure de potassium, qu'il avait interrompu à cause de la faiblesse du Prince.

A onze heures, l'escadre anglaise est arrivée en rade.

Le Prince avait déclaré vouloir assister à son passage, de la terrasse : le froid, la pluie et la tourmente ayant recommencé, on a fait prévenir l'amiral Hewett de ne pas saluer la terre par des coups de canon, afin que le Prince ignorât le moment de l'arrivée de l'escadre. Le malade, ayant aperçu l'escadre de son lit, s'est levé et, malgré tout le monde, s'est fait rouler, dans son fauteuil, sur la terrasse. Un violent accès de toux l'a forcé à rentrer aussitôt. Cette apparition au froid a été suffisante pour empirer la situation, qui s'était améliorée un peu dans la matinée. L'après-midi a été douloureuse; un long évanouissement s'est produit à cinq heures. Le docteur Mackensie prétend que c'est l'effet de la sortie sur la terrasse; les médecins allemands accusent le traitement par l'iodure de potassium.

L'escadre a fait en rade de curieuses évolutions. Les jeunes princesses y ont assisté du rivage, tandis que le prince Henri, avec la princesse Irène, sa fiancée, et la grande-duchesse de Hesse, suivaient les manœuvres à bord de l'aviso *Barbarigo*.

Un clergyman ayant abordé la princesse Sophie pour lui demander des nouvelles, celle-ci a répondu :

« Hélas! pas mieux. Nous espérions voir papa aujourd'hui, mais ça n'a pas été possible. »

La plus jeune des princesses a ajouté :

« Papa est si malade, qu'on ne tirera pas de coups de canon au départ de l'escadre. C'est dommage! »

En effet, l'état nerveux du Prince était redevenu tel que l'escadre est partie à six heures, comme elle était venue, sans saluer la terre.

Pour conclure, un mot du docteur Brahmann; il disait, à dîner, à un ami : « Cette soirée comptera pour deux dans le chemin du tombeau. » Et comme on lui demandait des explications, il a ajouté : « Le Kronprinz peut s'éteindre demain comme dans un

mois; il faut attendre la guérison de la trachéotomie. » Ce qui prouve que les dépêches annonçant
que la cicatrisation est complète, sont officieuses.

San-Remo, 26 février, 5 h. 45 soir.

L'antagonisme des docteurs allemands et anglais
continue plus ardent que jamais.

« La cicatrisation de la plaie faite par la trachéotomie sera terminée dans quatre jours, disent les
médecins allemands, et la faiblesse du Prince est
le résultat du traitement par l'iodure de potassium.

— La cicatrisation de la plaie est très lente,
répond le docteur Howell, le second du docteur
Mackensie, parce que l'opération de la trachéotomie a été très mal faite par les docteurs allemands;
les douleurs causées par la canule empêchent de
traiter le Kronprinz par l'iodure, qui le soulagerait
beaucoup. »

En résumé, d'après les docteurs allemands, ce
sont les médecins anglais qui tuent le Kronprinz,
et d'après les docteurs anglais ce sont les médecins
allemands. Ce qui explique ce mot du plus haut
personnage qui soit venu ces jours-ci, à San-Remo :

« Ces médecins sont tous écœurants. Si j'avais
quelque autorité ici, je les jetterais à la porte et
j'en appellerais un grand! »

Il convient de reconnaître, cependant, que médecins anglais et allemands sont d'accord sur l'impossibilité de pratiquer l'ablation du larynx, ni même une opération quelconque. Dans l'état actuel, le malade serait incapable de supporter un coup d'épingle, et on ne saurait prévoir si une amélioration se produira demain ou dans quinze jours.

En soutenant que le Kronprinz avait un simple cancer, on se trompait; en soutenant qu'il n'a pas de cancer, mais une maladie ancienne et terrible, on est à côté de la vérité.

Le prince a en même temps un cancer et une maladie terrible : le premier est l'effet de la seconde. Le retour du mauvais temps a fait revenir la fièvre; la journée a été d'autant plus pénible que le malade est dans un tel état d'énervement, qu'il ne veut supporter personne auprès de lui. Il demande continuellement par écrit qu'on lui donne des journaux, et on invente sans cesse de nouveaux prétextes pour ne pas les lui donner. Hier, pourtant, il a pris deux journaux allemands, qu'il a été incapable de lire.

« Cela me donne mal à la tête, a-t-il dit. »

Vers midi, le Kronprinz s'est endormi. Mais l'agitation était si grande et les cris gutturaux si aigus, que les médecins ont dû le réveiller. Il en est de même toutes les nuits.

Un personnage bien informé m'annonce l'arrivée du prince Guillaume pour mercredi. Ce voyage

serait tenu secret et le Prince héritier repartirait
après quelques heures de séjour.

Le prince Guillaume vient-il accomplir un devoir
filial ou faire une besogne politique? Voilà la question intéressante.

San-Remo, 27 février, 4 h. 35 soir.

Il est inexact que les professeurs Kussmaul et
Gerhardt aient eu en arrivant, hier, une consultation avec les autres médecins allemands.

Le professeur Kussmaul a passé une partie de la
nuit à étudier le journal quotidien de la maladie du
Prince tenu par le docteur Bergmann.

Une consultation a eu lieu ce matin, à neuf heures dans la grande salle à manger de la villa. Cinq
docteurs, tous Allemands, y ont pris part. Les docteurs anglais Mackensie et Howell n'y assistaient
pas.

Après deux heures de discussion, les docteurs
allemands se sont rendus auprès de la princesse
Victoria et lui ont déclaré que, d'après eux, le
retour à Berlin était nécessaire :

« Là seulement, ont-ils dit, il sera possible de
savoir si l'opération est praticable. »

La princesse a répondu qu'elle s'opposait formel-
lement au départ :

« Le voyage, a-t-elle dit, serait une singulière
façon de préparer une opération si terrible qu'on

la juge impossible ici en plein repos. Et puis ce ne sont pas des médecins nouveaux qui feraient l'opération, mais ceux-là mêmes qui sont à San-Remo.

« Enfin, le climat de Berlin éprouverait singulièrement le malade. »

Les docteurs ont longuement insisté et déclaré qu'ils ne tenteraient aucun traitement, aucune opération en Italie.

Alors la princesse impériale s'est emportée avec la dernière violence; puis elle est sortie en tirant avec grand bruit les portes derrière elle.

Elle s'est assise dans le grand vestibule, sur une chaise-longue paillée, et là, elle a pleuré à chaudes larmes, la tête dans les mains.

A ce moment, la princesse Irène, qui entrait en chantant dans le vestibule, s'est jetée aux genoux de sa future belle-mère, lui a pris les mains et l'a consolée.

Les médecins, demeurés ahuris dans la salle à manger, sont sortis la tête basse et ont passé sans mot dire devant les deux princesses en pleurs.

Au bout de quelques instants, la Princesse impériale a regagné son appartement, où elle a eu une longue conversation avec les docteurs Mackensie et Howell.

Dans l'intervalle, les docteurs allemands s'étaient rendus auprès du Kronprinz et l'engageaient à consentir à son départ pour Berlin. Le Kronprinz semblait sommeiller et ne pas écouter, quand la Princesse, entrant brusquement dans sa chambre, lui demanda :

« N'est-ce pas que vous voulez rester encore ici?

— Certainement, *meine,* a répondu le Kronprinz; je ne puis voyager.»

Et il referma les yeux.

Le témoin oculaire qui m'a raconté cette scène en est encore tout ému, et il coupe à chaque instant son récit par cette exclamation : « L'héroïque femme! » Sa situation auprès de la famille impériale lui permettant une question, il a dit à la Princesse :

« Mais pourquoi ne pas appeler un grand spécialiste français? »

La princesse Victoria, après l'avoir longuement regardé, lui a répondu :

« Il y a longtemps que je l'aurais fait si l'Empereur ne l'avait défendu! »

Il ressort de tout ce qui précède que les deux nouveaux médecins venus par ordre de Berlin, les docteurs Kussmaul et Gerhardt, sont chargés d'un *traitement politique.* Il s'agit, comme il y a deux mois, de ramener le malade à Berlin, où l'on se croit sûr de pouvoir arracher l'abdication désirée au Kronprinz.

« Mais, se demande-t-on, la Princesse impériale, qui a déjà résisté dans une première circonstance, saura-t-elle tenir tête jusqu'au bout, cette fois encore, aux politiciens allemands.

— Sûrement... à moins que l'Empereur ne donne l'ordre du retour à Berlin. Or, pour qui connaît l'influence de M. Bismarck sur l'empereur d'Allemagne, cette hypothèse n'est pas inadmissible. Et le Kronprinz obéirait, non comme fils, mais passivement, comme sujet et soldat; il obéirait, pour le départ, de même qu'il a obéi quand on lui a interdit de faire venir d'autres médecins que des médecins allemands. »

San-Remo, 28 février, 9 h. soir.

L'état du malade est aujourd'hui ce qu'il était hier, ce qu'il sera jusqu'au jour où, brusquement, on apprendra que la vie du Kronprinz s'en est allée en une suprême suffocation, ou bien qu'un train spécial l'a conduit régner et mourir à Berlin; pour le moment, les tentatives de départ ont échoué; le docteur Kussmaul est reparti, le docteur Gerhardt a fui, tous deux sans voir personne. Kussmaul n'a quitté la villa Zirio que pour aller voir un malade, son ami intime; en entrant il lui a dit : « Surtout ne me demandez pas des nouvelles, je suis muet ». Personne autre n'a vu Kussmaul, même à la gare; comme dédommagement, j'ai eu la chance de trouver le docteur Bergmann et de voyager avec lui de Ospedaletti à San-Remo.

Le chirurgien n'est pas l'homme impénétrable
qu'on a dépeint, mais comme il parle difficilement
le français, il ne répond guère qu'aux questions
posées en allemand.

« Personne, m'a-t-il dit, n'a songé à la possibilité d'une opération en ce moment. Nous sommes
tous d'accord pour reconnaître que le Prince n'en
supporterait même pas les préparatifs; plus tard
on verra, quand les forces seront revenues.

— Vous espérez donc?

— Il faut bien espérer.

— Quelle utilité voyez-vous au retour à Berlin?

— Simplement une. Ce retour est difficile aujour-
d'hui, il sera peut-être impossible demain. »

Sur ce, le docteur est rentré dans un prudent silence. La journée était cependant destinée aux ren
contres intéressantes.

A San-Remo, la Princesse, pour rassurer l'opinion, faisait des visites bourgeoisement, simplement, comme elle en avait l'habitude avant la re-
chute. J'ai eu l'honneur de la rencontrer chez une
dame où les jeunes princesses passent une partie
de l'après-midi.

Elle est méconnaissable, presque au même degré
que le Prince.

On sent qu'elle a partagé toutes les souffrances
augmentées de toutes les angoisses; sa toilette était,

comme d'ordinaire, très simple, et nul n'eût pu deviner en elle la princesse que, hier encore, on croyait devoir être un jour impératrice d'Allemagne.

Sa conversation seule révèle une femme supérieure; elle semblait pourtant, aujourd'hui, avoir des absences par moments, et elle faisait des efforts pour répondre aux questions respectueuses posées par la maîtresse de la maison. Sa réponse était, du reste, toujours la même : « Nous ne savons plus que craindre ni qu'espérer. »

J'ai appris, depuis, qu'elle avait fait quatre visites et, partout, elle avait tenu le même langage, passant ensuite à un autre sujet, et s'entretenant surtout de la mort dramatique du jeune prince de Hohenlohe.

Elle s'est longuement plainte des articles publiés par la presse, dans la crainte, dit-elle, que son mari ne les lût.

La maîtresse de maison, héroïquement aimable, m'a alors présenté.

« Je lis votre journal (1) comme tous les journaux français, m'a dit Son Altesse Impériale. Vous êtes, monsieur, souvent indiscret, mais toujours courtois. Au mois de janvier, on m'avait envoyé des numéros du *Gaulois* contenant des articles sur le Prince; c'était le bon temps alors, le temps des espérances. »

(1) *Le Gaulois.*

Je cite ce détail de conversation pour montrer combien la famille impériale se préoccupe de l'opinion, surtout en France.

Il ne faudrait pas tirer du fait que la Princesse faisait des visites une conclusion trop optimiste. Son courage, son calme britannique peuvent faire illusion. Enfin, il y a trois mois, ses visites, très fréquentes, duraient deux heures; aujourd'hui, elles ont duré dix minutes. D'ailleurs, le Prince sommeille toute la journée et demande la solitude; il soupire et se plaint; depuis quinze jours, il est devenu mauvais malade, mécontent de tout et de tout le monde.

La famille impériale a fait envoyer aujourd'hui de nouveaux secours au curé et au pasteur de San-Remo pour que des distributions soient faites aux pauvres.

Grâce à la générosité de la princesse, on ne voit plus les pauvres qui encombraient autrefois les rues.

San-Remo, 29 février, 10 h. 15 soir.

Mauvaise journée. Le Kronprinz a eu, ce matin, un évanouissement qui a duré vingt minutes, il a eu ensuite un accès violent de fièvre avec délire.

La faiblesse est telle que la digestion ne se fait plus. Le régime lacté a donné une violente diarrhée; il a fallu administrer au malade une potion de sydenham, qu'il a rendue aussitôt, avec des douleurs si violentes que le Prince se tordait sur son lit.

« Il était terrible à voir; j'ai cru qu'il agonisait, me disait un témoin oculaire. »

A trois heures de l'après-midi, la Princesse était tellement effrayée, qu'elle cherchait elle-même le docteur Mackensie dans tous les hôtels de San-Remo. Ce soir, une piqûre de morphine avait rendu un calme relatif au malade.

Le docteur Bergmann, qui est encore à l'hôtel de la Méditerrannée, n'a pas paru de toute la journée à la villa Zirio. Les feuilles locales annoncent le départ de Berlin de l'Empereur et son arrivée pour demain à San-Remo.

Ce qui a fait répandre ce bruit inexact, c'est l'avis transmis par le ministère de l'intérieur italien à la Compagnie du chemin de fer d'avoir à tenir toutes les voies libres au cas du passage d'un train impérial. Est-ce une précaution prise par le gouvernement italien? Est-ce le résultat d'ordres venus de Berlin, pour le cas où le voyage deviendrait urgent, ou bien s'agit-il seulement du train qui amène le prince Guillaume, parti hier soir de Carlsruhe? Je l'ignore. En tout cas, cela prouve combien l'état du malade est jugé grave.

San-Remo, 2 mars, 7 h. soir.

Photographe exact des événements qui se passent ici, je suis obligé de me contrédire quand les faits se contredisent. Hier, le Prince allait plus mal; aujourd'hui, il va mieux, ce qui ne veut pas dire bien.

Toujours est-il qu'après une nuit assez calme, il a pu passer cinq heures sur la terrasse, ce qui ne lui était pas arrivé depuis l'opération.

Il a pris sans souffrance deux consommés et cinquante grammes de gelée. L'état de l'estomac lui-même est moins mauvais.

Ce mieux sera-t-il durable, ou bien est-ce une heure de répit dans la marche cruelle de la maladie? Tout le monde l'ignore, les médecins les premiers.

Un fait est certain : ces heures de repos et d'espérance sont dues au docteur Evans, qui, sortant pour la seconde fois de son rôle d'invité, s'est fait chirurgien. Effrayé des douleurs de la gorge et des suffocations, mécontent des tubes employés par ses confrères, il a fait fabriquer à Londres une canule, qu'il a placée, hier à minuit, dans la gorge du Prince; il a fait cette délicate opération avec une merveilleuse dextérité, sans endormir le malade. La nouvelle canule a des dimensions habilement combinées pour ne pas gêner la respiration ou déchirer, par le frottement, les tissus dans la gorge; comme les précédentes, elle a deux parois ou, plutôt, elle se compose de deux tubes emboîtés l'un dans l'autre, mais, et c'est là le progrès, il y a un certain espace entre les deux parois, ce qui permet de nettoyer cet espace sans ôter la canule.

Ce *ramonage* se fera au moyen de microscopiques éponges, montées sur tiges d'argent, et permettra de guérir promptement la plaie, tout en évitant les souffrances aiguës.

Peut-être les bonnes nouvelles ne seront-elles plus exactes demain, mais elles le sont aujourd'hui; on les ignore ici, où elles passeraient, d'ailleurs, inaperçues, car l'arrivée du prince Guillaume est le seul sujet des conversations. Les physionomistes qui l'ont vu ce matin, à neuf heures, descendre du wagon-salon, dans lequel le prince Henri était allé l'attendre à Gênes, lui ont trouvé l'air abattu, triste et préoccupé.

Le comte Radolinski seul l'attendait à la gare; la Princesse impériale, avec la princesse Irène, se promenait en voiture et les jeunes princesses jouaient à leur éternel *lawn-tennis*.

En arrivant à la villa, le prince Guillaume n'a donc trouvé que son père. Il est resté environ vingt minutes près du malade, puis est descendu à l'hôtel, qu'il a quitté à une heure pour revenir à la villa, où les princesses venaient seulement de rentrer. L'accueil qu'on lui a fait a été d'une froideur incontestable.

A trois heures, le prince Guillaume s'est longuement entretenu avec les médecins allemands ; il n'a pas vu le docteur Mackensie, et n'a pas cherché à le voir.

Il avait quitté Carlsruhe avec quatre personnes, son aide de camp, deux officiers et un domestique. Il est arrivé à San-Remo avec l'aide de camp et le domestique seulement. Un des officiers est resté à Porto-Maurizio; l'autre, au contraire, a prolongé le voyage jusqu'à Nice.

La mission de ces deux personnages consistera à recevoir des dépêches pour le Prince, et à les lui porter à San-Remo.

Je viens de voir un de ces deux facteurs improvisés.

« Je ne vous demande pas, lui ai-je dit, si la visite du Prince a un but politique. Vous ne me répondriez pas, et vous auriez raison.

— Au contraire, je vous répondrai très volontiers : la visite du Prince n'a aucun but politique. Ses occupations militaires l'empêchaient depuis longtemps de venir, et il a profité du congé forcé pris à l'occasion des obsèques du prince de Bade pour faire ce voyage. Il n'a aucune mission et restera probablement peu de temps. Les intentions que l'on prête au prince Guillaume le mettent en fureur. Il a acheté à la gare de Gênes tous les journaux français. Quand il a lu ce qu'on dit de lui, il s'est écrié : « Voyez donc cela! selon les Français, je ferais de « la politique à San-Remo ! Un fils ne peut-il donc « plus venir voir son père ? »

Voilà ce que m'a dit mon interlocuteur.

Sans insister, je ferai observer que les journaux français ou anglais n'ont pas reproché au jeune prince de venir voir son père; au contraire : ils lui ont reproché de faire cette visite trop tard.

Un détail curieux qui sera le mot de la fin.

J'ai demandé à mon interlocuteur pourquoi il avait quitté son maître :

« J'ai obtenu, m'a-t-il dit, la permisson de venir voir un cousin malade. »

Un Italien ayant posé la même question à l'autre officier, celui-ci a répondu :

« Je suis resté ici pour voir une parente très souffrante... »

Les compagnons du prince Guillaume ont besoin de venir apprendre la diplomatie au pays de Machiavel.

Le prince Guillaume est porteur d'une lettre de l'Empereur pour le Kronprinz lui demandant de consentir à son retour à Berlin. De son côté, M. Herbert de Bismarck doit faire agir à Londres auprès de la Reine, pour qu'elle décide la princesse Victoria à consentir au retour du Kronprinz en Allemagne.

San-Remo, 3 mars, 9 h. 40 soir.

« *Hoffnung kehrt wieder, Gott sei Dank!*
L'espoir nous revient, Dieu soit loué! » Tel est le
résumé des onze dépêches expédiées aujourd'hui
par la princesse impériale, qui a confirmé ainsi les
nouvelles optimistes que j'osais à peine donner
hier.

Le prince a passé toute la journée sur la terrasse
entouré des siens; grâce au nouvel appareil du
docteur Mackensie, il peut parler bas, bien bas,
mais sans douleur.

Ce soir, à huit heures, les fenêtres du premier
étage, depuis de longs jours sans lumière, sont éclai-
rées. Un intime qui sortait de la villa me les montrait en me disant :

« Derrière ces fenêtres, une famille renaît à
l'espérance. Pour la première fois, tous sont réunis
dans la chambre du malade.

— Tous ? ai-je demandé.

— Oui. Excepté le prince Guillaume qui, fatigué, se repose probablement de la lecture des
quatre dépêches chiffrées qu'on lui a apportées de
Nice et auxquelles il a répondu par la même voie.»

L'amélioration survenue dans l'état du Kronprinz, et qui est qualifiée de miraculeuse par le
docteur Mackensie, met à néant certains projets.

Je sais de source certaine que le prince Guillaume a reçu des ordres de Berlin ainsi conçus :

« Laissez de côté, pour le moment, toute affaire politique. »

La joie qu'on éprouve à la villa Zirio et à San-Remo est diminuée par les mauvaises nouvelles de Berlin.

L'Empereur va mal, non physiquement, mais moralement; sa mémoire avait déjà faibli; aujourd'hui, c'est le tour de l'intelligence. L'Empereur avait supporté la nouvelle de la mort de son petit-fils préféré avec le calme d'un homme ayant traversé toutes les émotions; mais depuis, il n'a plus prononcé une parole.

En apprenant ces mauvaises nouvelles, le Kronprinz a dit : « Dieu veuille me donner la force d'aller auprès de mon père, comme c'est mon devoir! » Puis, après un repos : « Cette considération seule pourrait me faire partir maintenant. »

San-Remo, 5 mars, 11 h. 10 soir.

Le prince Guillaume est parti ce matin à neuf heures pour Berlin; il a été accompagné à la gare par son frère, la Princesse impériale et sa fille. Les deux Princesses n'ont pas pénétré dans la gare. Sur le quai, le prince Radolinski, chambellan, le consul allemand, le maire de San-Remo et le sous-préfet; deux cents curieux ont salué assez peu respectueusement le prince Guillaume.

L'état du Kronprinz est satisfaisant; le malade

est resté une demi-heure cet après-midi sur le balcon.

Voici un détail qui est également à l'honneur du caractère de la princesse Victoria et du Kronprinz :

Quand la Princesse entre dans la chambre de son mari, elle prend un visage calme et le sourire confiant; elle parle de toute chose, fait la lecture, cherchant par tous les moyens à distraire l'esprit du Kronprinz.

Celui-ci, de son côté, s'efforce devant sa femme de ne laisser entendre aucune plainte, aucun gémissement; il dissimule ses souffrances.

Mais sitôt que la princesse se retire, le Kronprinz s'affaisse, son énergie l'abandonne et il ne dissimule plus aux personnes qui l'approchent, parents, amis ou médecins, le peu d'illusions qu'il se fait sur la gravité de son état.

Les tentatives du prince Guillaume pour obtenir le retour de son père à Berlin, ou le renvoi du docteur Mackensie, ont échoué devant l'opposition énergique de la princesse Victoria.

Le Prince, avant de partir de San-Remo, a réuni tous les médecins allemands : on a adopté la conduite à tenir vis-à-vis du docteur anglais. Sur les instances du Prince, le docteur Bergmann, qui voulait quitter San-Remo, y restera encore quelques jours.

De nouvelles démarches vont être faites auprès

5.

de la reine Victoria. Le chancelier a télégraphié au prince Herbert de Bismarck, qui était à Dublin, de se rendre à Londres à cet effet. Le prince Guillaume a été invité par le grand-chancelier à revenir promptement, en invoquant l'état de santé assez inquiétant de l'Empereur.

San-Remo, 6 mars, 11 h. soir.

La Princesse impériale, qui a, jusqu'à présent, si vaillamment déjoué les manœuvres du grand-chancelier, vient encore de remporter une nouvelle victoire sur la faction bismarckienne : le professeur Bergmann, tout à fait démonétisé, quitte demain San-Remo.

Pour accentuer cette victoire, le Kronprinz est sorti, ce matin, dans le jardin de la villa Zirio et s'est promené assez longtemps d'un pas relativement assuré.

Le *Reichsanzeiger* publie un long bulletin officieux signé des docteurs Mackensie, Schrader, Krause, Howell, Bergmann, Brahmann.

Ce bulletin supplie les journaux de s'abstenir de toute discussion sur la maladie, sur les méthodes ou les instruments. Il donne ensuite des détails qui seraient intéressants si les signataires étaient les auteurs. Mais les médecins ont été les derniers à le lire. Le chancelier l'a rédigé et signé de ces six pseudonymes et il a télégraphié aux docteurs de s'abstenir de tout démenti.

Le docteur Bergmann, dont le départ est *annoncé* (ordonné) dans ce bulletin, est particulièrement furieux.

Depuis que le docteur Valdeyer est ici, on lui a prêté des consultations et des diagnostics très variés et très opposés. Or, l'éminent anatomiste n'a encore exprimé aucune opinion. Il a pris des matières expectorées, des parcelles de membrane arrachées dans les violents accès de toux des jours derniers, pour les analyser. Mais ce travail doit durer huit jours. Il est fait avec des instruments très précis inventés par le professeur lui-même.

Hier, le docteur Valdeyer voulait démentir en bloc toutes les informations données. Il se promenait, furieux, à travers le jardin de la villa, expliquant qu'il était compromis, qu'il n'avait formulé aucune opinion.

La princesse l'a calmé en lui promettant qu'il serait autorisé à publier officiellement son diagnostic... quand il serait fait.

On raconte que l'Empereur aurait consulté plusieurs spécialistes sur l'opportunité de l'opération à faire au Kronprinz. Après une heure de réflexion, il leur aurait dit : « Les lois des Hohenzollern me donnent le droit d'intervenir avec autorité; mais mon fils est âgé de près de soixante ans. Il doit être capable de prendre une décision dans les circonstances actuelles, en ce qui concerne l'opportunité de l'opération. »

Les amis de M. de Bismarck font courir le bruit que le Kronprinz reviendra à Berlin vers le 20 mars, pour ne pas manquer d'assister, selon son habitude, à la célébration de l'anniversaire de l'Empereur, qui entrera, le 22 de ce mois, dans sa *quatre-vingt-douzième année*.

Ici finit le journal d'un témoin à San-Remo. A la fin de mars, le vieil empereur n'entre pas dans sa 92ᵉ année, mais dans l'Eternité ; le fils ne vient pas voir un mourant. Empereur, il vient régner.

UN MENSONGE HISTORIQUE

UN MENSONGE HISTORIQUE

La mort de Guillaume 1er. — Sa vraie date.

On prétend qu'à Rome, lorsque le pape meurt avant l'époque fixée pour lui donner un successeur, LL. EE. les cardinaux sont très effrayés de voir leurs plans dérangés, leurs projets déroutés.

Pour éviter ce mal, on aurait soin de remplacer le vrai pape par un pape en cire jusqu'à une heure convenable.

A Rome, la chose ne se fait pas, ou ne se fait plus.

Des bords du Tibre la mode est passée aux bords de la Sprée.

Le chancelier de Bismarck a voulu que, pendant onze heures, la mort de son maître bien-aimé, Guillaume Ier, fut tenue secrète ; et la mort a été retardée. C'est un des côtés curieux du caractère à facettes de M. de Bismarck, que son extrême affection pour les vieilles ficelles politiques usées, pour les mystères à la Machiavel, pour les finesses, noir sur blanc, d'une diplomatie vénérable.

Il a inventé l'art de tromper les gens en disant la vérité brutale, et voici que ce grand réformateur croit encore à l'utilité des intrigues d'alcôve, des intrigues de cercueil.

Il croit que nous en sommes au temps où les passeports servaient à prouver l'identité des gens, où les lettres arrêtées ne parvenaient pas.

Pourquoi M. de Bismarck a-t-il voulu cacher l'heure de la mort du souverain? Ce n'est pas pour ourdir une intrigue de cour, puisque la Cour seule connaissait la nouvelle. Ce n'est pas pour donner au Prince impérial le temps d'arriver, puisque la nouvelle a été annoncée avant même que le Kronprinz eût quitté San-Remo.

Mais alors?... C'est pour rien. Par moments, M. de Bismarck veut faire de l'art pour l'art; le chancelier s'amuse.

Comme ces Boudha de l'Inde, assis depuis des siècles sur leurs chaises d'ivoire, M. de Bismarck se contemple le nombril et s'admire.

L'empereur Guillaume est mort le 8 mars, à 6 heures 20 minutes du soir. M. de Bismarck se croit tout-puissant lorsqu'il fait annoncer cette mort le 9 mars à 8 heures et demie du matin.

Le jeudi, à midi, les médecins avaient eu une

consultation au chevet du lit de l'Empereur.

Ils s'étaient trouvés d'accord sur un point : l'Empereur n'avait plus que quelques heures à vivre.

Les quatre augures se retiraient et s'en allaient rédiger un bulletin annonçant l'agonie.

La porte s'ouvre; et le chancelier entre. Après avoir baisé la main de son maître comme il en avait l'habitude tous les matins, il arrache au docteur Leuthold le projet de bulletin déjà rédigé, il le lit, le déchire, lève les épaules, et avec ce geste d'athlète qui lui est familier, les deux poings en avant comme s'il voulait assommer son interlocuteur :

« Il était bien nécessaire, dit-il, de vous mettre quatre pour faire ce chef-d'œuvre. »

Puis, il s'assied, la tête dans les mains; feignant d'oublier la présence des docteurs Lauer et Leuthold, il fait un long monologue.

L'éloge de l'Empereur qui va mourir, ses craintes au sujet de l'Empereur qui va monter sur le trône, il dit tout cela, et ajoute :

« Nous pourrons toujours gagner quelques heures. »

Puis, il s'en va, en donnant l'ordre aux médecins de publier un bulletin sans caractère. A deux heures, M. de Bismarck revient. L'Empereur va presque mieux. Il peut causer avec son fidèle serviteur.

Que se dirent ces deux hommes, dont la vie avait été liée dans le travail et dans la gloire? Quel fut leur dernier adieu? Personne ne le sait, personne ne le saura.

Les deux chambellans de service virent seulement le ministre s'agenouiller devant l'Empereur, prendre les deux mains du mourant, les tenir longtemps serrées, parler avec lenteur et gravité. Guillaume qui, depuis deux jours, ne parlait ni ne comprenait, semblait écouter et comprendre son chancelier. De ses paupières lourdes et abattues tomba tout à coup une larme; puis l'Empereur balbutia quelques mots inintelligibles pour tous et fut pris d'une syncope. Le corps était presque froid. Le pouls ne battait plus, et tout le monde croyait que Guillaume avait rendu le dernier soupir.

Dans la chambre se trouvaient le prince Antoine Radziwill, son camarade d'enfance, son aide de camp bien-aimé, et le prince Guillaume, froid, glacé, presque indifférent.

Dans le cabinet voisin, la grande-duchesse de Bade était à moitié couchée sur un divan, retenant ou cherchant des larmes; la princesse Radziwill ne savait plus à qui porter ses consolations car, sur le canapé voisin, la princesse Augusta-Victoria, femme du prince Guillaume, et la princesse Charlotte de Saxe-Meiningen étaient accablées, pas assez pourtant pour ne pas causer à voix basse des résultats probables du voyage qu'allait entreprendre Frédéric.

Pendant ce temps, les médecins Leuthold et Lauer examinent longuement le malade que l'on croit mort. La glace placée devant la bouche ne se ternit plus, le pouls a cessé de battre, le corps est presque froid. Pas un mot n'est prononcé dans la chambre ; le silence n'est coupé que par les hoquets des sanglots du prince Radziwill.

Tout à coup ce dernier lève les yeux, regarde le corps de son maître inanimée sur le lit et se précipite dans le cabinet voisin en s'écriant :

« *Er ist tot.* »

On croit que l'empereur a rendu le dernier soupir. La nouvelle court bientôt le palais et quelques minutes après elle tombe à Berlin comme un boulet. Les Allemands croyaient leur souverain immortel.

Pour trouver dans Berlin une agitation semblable à celle qui se manifeste le 8 mars, il faudrait remonter aux jours néfastes de la guerre.

Ce n'est pas seulement dans un quartier ou dans une classe que se manifeste cette inquiétude.

C'est toute une population, tout un peuple dont la pensée est portée en ce moment vers cette chambre du palais impérial, qui est comme une chambre de soldat, simple et sévère, où un homme, fondateur de l'empire d'Allemagne, agonise en murmurant : « Fritz ! mon fils Fritz ! »

La pluie tombe, et, dans la boue, la foule

stationne devant le Palais, attendant les nouvelles, commentant les moindres détails dans les
allées et venues des personnages de la Cour, attendant, sans s'inquiéter d'autre chose que la vie de
l'Empereur.

Il semble ailleurs que toute la vie commer-
ciale soit suspendue dans Berlin. Les rues sont
tristes; on ne rencontre que physionomies sombres.

C'est un deuil général, immense; et, comme si
l'on craignait le bruit, chacun parle à voix basse,
de telle sorte que les milliers d'hommes, de femmes
et d'enfants réunis autour du palais sont là, presque silencieux, comme s'ils n'étaient pas. Cinq cent
mille personnes remplissent l'avenue « unter den
Linden » depuis la Friedrichstrasse jusqu'au pont
du château, sauf devant le palais impérial et le palais du Prince impérial; cet espace a été dégagé par
la police. De l'autre côté du pont, la place devant
le vieux château est également occupée par de nombreux groupes.

Toute cette foule attend dans un morne silence
des nouvelles de l'Empereur.

La police, à cheval et à pied, maintient sans effort
l'ordre dans cette immense cohue.

La nouvelle arrive que l'Empereur vient d'ex-
pirer.

Dans la foule, on voit des hommes et surtout

d'anciens soldats pleurer. L'émotion est indescrip-
tible.

Tout le monde a les yeux fixés sur le mât au-
dessus du palais impérial. On attend si l'on ne hisse
pas le drapeau noir qui annoncerait que l'Empereur
est mort.

Rien ne bouge de ce côté-là.

On reprend espoir dans la foule.

Mais voici qu'un valet de chambre du château a
raconté au directeur d'un petit journal, le *Lokal An-
zeiger*, la mort de l'Empereur. Immédiatement
paraît un *Extra Blatt* annonçant à la population
que l'Empereur n'est plus.

Au moment même où la première feuille portant
cette nouvelle paraît, l'espoir renaît au château. Les
docteurs ont mis deux heures pour trouver dans le
corps du malade des signes de vie imperceptibles,
et quarante minutes pour s'entendre sur les
remèdes à employer. Ceci prouve que la présence
d'un médecin anglais n'est pas indispensable pour
irriter les médecins allemands.

Le docteur Lauer propose de pratiquer une sai-
gnée : Leuthold menace alors de se retirer et de
dégager sa responsabilité.

« L'empereur est trop faible, dit-il, pour qu'on
s'amuse à l'affaiblir davantage. »

On se décide enfin à faire un massage énergique
et à donner deux injections d'éther sulfurique.

L'Empereur revient lentement à lui et paraît se réveiller d'un lourd sommeil. Il demande à voir la grande duchesse de Bade, et le docteur Lauer va ouvrir la porte de la chambre pour appeler son Altesse.

La nouvelle de la résurrection se répand aussi vite que la nouvelle de la mort: le chancelier donne lui-même un ordre écrit de sa main pour que tous les journaux annonçant le décès soient saisis.

D'autres feuilles paraissent et publient un bulletin presque rassurant.

Six heures : il n'y a plus dans la chambre impériale que le prince Guillaume, le chancelier, le prince Antoine Radziwill et les deux médecins. L'Empereur a la main dans celle de son petit-fils. Il essaye de se soulever, de prononcer une phrase. On entend des mots entrecoupés « guerre... batailles... Russie... Fritz... » mots qui serviront à construire des phrases historiques...

A six heures vingt minutes, Guillaume Ier est mort. Le trône de l'Empire appartient à un moribond.

« Cette fois, c'est bien fini, » dit Lauer au prince de Bismark.

Le chancelier, dont l'émotion était fébrile depuis trois jours, se calme aussitôt. Le ministre d'Etat l'emporte sur l'homme : il se tourne vers le prince Guillaume, s'incline devant lui et dit à voix basse :

« Dans votre intérêt, Altesse, » puis à voix haute :
« Il faut tenter auprès de Frédéric un dernier effort
dans l'intérêt de la monarchie. Avant d'annoncer
la mort au peuple allemand, il faut attendre la réponse du télégramme que je vais envoyer à San-
Remo. »

Le chancelier s'assied et écrit deux dépêches :
l'une en allemand est adressée à Frédéric III :
« Dieu a rappelé à lui l'Empereur, notre maître
bien-aimé. Mais je ne ferai pas proclamer la nouvelle avant de savoir si Votre Majesté veut faire
prêter le serment aux troupes en son nom ou au
nom du prince Guillaume. »

La seconde dépêche est une dépêche chiffrée,
adressée à son agent de haute police, le comte Radolinski. Elle contient des instructions écrites.
Il s'agit de tenter un dernier essai pour obtenir
l'abdication de Frédéric III.

Nous verrons quel fut le résultat de l'effort du
chancelier. Toujours est-il que l'Empereur, mort le
8 mars au soir, eut encore une nuit officielle de vie.
Ce n'est que le vendredi matin, à dix heures, que
le Conseil d'Etat fit placarder sur les murs de Berlin une petite affiche blanche encadrée de noir dont
voici le texte :

« Dieu a rappelé de cette terre, après une courte
maladie, l'Empereur notre souverain. Tout le peuple avec la famille impériale déplore la perte de

celui dont la sagesse a présidé si longtemps à ses destinées dans la paix et dans la guerre. »

Le *Moniteur officiel de l'Empire* publiait le même jour l'avis suivant :

» Il a plu à Dieu de rappeler à lui ce matin à huit heures et demie, après une courte maladie et dans la vingt-huitième année de son règne très prospère, Sa Majesté l'Empereur et roi, notre très gracieux souverain.

« Toute la nation se joint aux membres de la famille royale pour déplorer la mort du souverain bien-aimé et vénérable dont la sagesse a présidé si longtemps à ses destinées dans la paix et dans la guerre, aux destinées du peuple allemand. »

« Berlin 9 mars 1888

« LE MINISTÈRE D'ETAT. »

Voilà les termes par lesquels on annonçait au peuple allemand que son Empereur Frédéric-Guillaume Ier n'était plus.

Les journaux de Berlin, qui avaient déjà tiré leur édition du matin, publièrent des *Extra Blatter* donnant tous les détails de la courte maladie du souverain défunt, et tous les journaux donnèrent les mêmes détails racontés dans les mêmes termes.

Toutes les nouvelles sortaient de la même officine; c'était la version officielle de la mort de l'Empereur expurgée à l'usage des peuples et de l'histoire dans les bureaux de la chancellerie.

L'Empereur était mort à huit heures et demie du matin, après des alternatives de réveil et d'assoupissement qui devaient aboutir à un rapide et fatal dénouement.

Il était alité depuis quatre jours seulement, et le premier jour (c'est-à-dire le cinq mars) aucun des médecins attachés à la personne de Sa Majesté ne considérait comme dangereuse l'indisposition passagère qu'il ressentait.

Le thé de l'Impératrice n'avait pas même pas été contremandé. Or, depuis longtemps, ce fameux thé passait pour le baromètre de la santé impériale. C'était la réception donnée chaque soir, par Augusta, quelque chose dans le genre du petit coucher des Reines de France, plus matériel cependant, car nous sommes en Allemagne, et le thé, les gâteaux, sandwichs et *délicatessen* de toutes sortes entrent pour beaucoup dans les bonsoirs officiels.

Puis, sans transition, la fatigue de l'Empereur devenait une maladie mortelle. A Berlin, dans les journaux officieux, rien n'était négligé pour laisser dans l'ombre le véritable Kronprinz, et pour placer sur le pavois le prince Guillaume.

Les gazettes ne négligeaient pas de dire que l'Empereur s'était longtemps entretenu avec son petit-fils des intérêts de l'Empire.

6

Puis, le chancelier apparaissait; on le voyait au chevet du malade et l'agonie de l'Empereur se poursuivait ainsi, non pas en musique comme celle du roi d'opérette, mais en politique. Le vieillard, qui depuis de longs mois était parfaitement incapable d'avoir un idée, aurait — toujours d'après les journaux allemands — trouvé, deux heures avant sa mort, des traits délicats, fins et précis pour peindre la situation de l'Europe. Les préoccupations russophiles du chancelier apparaissaient dans une longue période généreusement prêtée à l'Empereur.

On mettait dans sa bouche un long discours pour démontrer l'utilité de l'alliance avec le czar. Puis venait une narration fantaisiste de haut et de bas, de mieux et de pis.

La mort, arrivée à six heures et demie du soir, prenait le nom de simple syncope.

Vers huit heures, Sa Majesté aurait encore repris connaissance, demandé à manger, dégusté trois huîtres, bu un verre de champagne et un œuf battu dans du rhum, puis, se sentant mieux, il aurait voulu se lever. On l'aurait installé un instant dans un fauteuil pour refaire son lit et on l'aurait recouché aussitôt.

Jusqu'à dix heures, le mourant aurait échangé quelques mots affectueux avec les membres de sa famille, les remerciant de leurs soins, puis il serait retombé dans le sommeil. A minuit, nouveau réveil, nouveau verre de champagne, mais ici le pouls faiblit, toujours dans les gazettes.

De minute en minute, la respiration est arrêtée, elle devient hésitante, inégale, imperceptible, pour recommencer sonore. Enfin, c'est le râle, à huit heures et demie du matin le cœur a cessé de battre, l'Empereur Frédéric-Guillaume Ier est mort. Le chancelier l'a permis.

Neuf heures du matin : le corps est recouvert d'un drap blanc remonté jusqu'au menton. Trois roses blanches sont posées sur la poitrine et des touffes de bluets ont été attachées aux draps. Quatre grands candélabres d'argent sont allumés et l'on installe des prie-Dieu.

La tête est un peu penchée à gauche, le sourire — ou le rictus — erre sur les lèvres. Le visage garde une expression de bonté et de douceur. Ce n'est pas la tête du César qui se détache jaune sur un oreiller blanc. Ce n'est pas l'Empereur, général de millions de soldats, qui repose, c'est l'arrière grand-père qui dort d'un calme sommeil sans réveil. On est étonné de ne pas voir pleurer des femmes et des enfants autour de ce lit. On les cherche involontairement, on ne voit que des uniformes, partout des uniformes.

Devant le palais, une rangée de sergents de ville garde le passage et ne le livre qu'après des formalités très germaniques. On traverse la grille, on

entre dans une petite cour oblongue et sombre :
personne.— Dans le vestibule, les domestiques en
livrée sont rangés ; ils ont déjà le crêpe au bras
et aux galons : tout était prêt d'avance. Un maréchal de la cour ouvre une porte et l'on passe dans
la salle des Drapeaux. Ils sont tous là, les drapeaux
de la garnison de Berlin accrochés aux murs et
voilés de crêpe, tête basse comme des vaincus.Le salon bleu que l'on traverse, puis le cabinet de travail
sont remplis de fleurs, des bluets et des roses ; si
l'on ne voyait pas une croix sur le fauteuil et un
grand crucifix contre la porte, on pourrait croire
que ces gerbes fraîches viennent célébrer un jour
de fête.

La chambre est petite, simple ; un crucifix en
bois noir sur le mur, des meubles en acajou et au
milieu le fameux petit lit de fer, celui qui a fait les
campagnes. Au mur pend une grande photographie
du prince Guillaume enfant, et quelques bibelots
ornent la cheminée.

Dans le couloir on voit deux grandes armoires.
Là sont tous les uniformes de celui qui en avait
tant. Ils pendent sous leur rideau vert comme des
fantômes.— Ceux des régiments qu'il a conduits,
ceux qu'on lui a donnés, ceux qu'il aimait, tous
redisent un incident, une heure de gloire, ou un
jour de fête.

Au dehors la pluie, une pluie fine et pénétrante,

n'a cessé de tomber depuis la veille ; quelques
agents de police engagent la foule à se disperser,
et la pluie aidant, il ne reste bientôt plus personne,
mais la foule se masse sous les tilleuls, et remonte
lentement l'avenue des deux côtés, se dirigeant
vers le palais. Au coin de la Friedrichstrasse la
circulation devient plus difficile, et à partir de la
Charlottenstrasse qui est à cent mètres du palais,
une rangée de curieux abrités sous des parapluies
stationne sur le trottoir du côté du palais et du
côté de la chaussée. Au millieu de l'avenue et autour de la statue de Frédéric le Grand, vis-à-vis
de la fameuse fenêtre impériale, la foule est très
compacte et s'étend tout le long de l'Université et
de l'Arsenal, de l'autre côté de la place de l'Opéra
sur laquelle donne le palais de l'Empereur. La
place elle-même est déserte, et quatre agents de
police à pied et deux à cheval suffisent à faire le
service d'ordre.

La petite porte grillée située entre les deux
corps de bâtiment dont se compose le palais s'ouvre
et se referme sans cesse, pour laisser passer les
employés du palais.

Les fenêtres du rez-de-chaussée, qui sont celles
de l'appartement de l'empereur, sont sans rideaux.
On aperçoit, de la place, les candélabres dorés et un
bouquet de roses apparaît près des vitres de la
fenêtre historique.

.

L'étendard impérial flotte toujours, sur le palais; les édifices publics, l'Université, l'Arsenal, les Ministères, les Ambassades, la Chancellerie mettent leurs drapeaux en berne, et au centre de la ville comme dans les environs du Palais Impérial les tentures commencent aussi à paraître, drapées ou jetées.

Pendant ce temps un lit de parade est dressé dans la salle des drapeaux.

Le corps est transporté dans la matinée sur ce lit, près duquel est placé une garde d'honneur, composée d'aides de camp généraux et d'aides de camp se relevant toutes les six heures.

Le pasteur Kœgel célèbre un service, en présence de tous les personnages princiers présents à Berlin et de leur suite, du chancelier de l'Empire, du feld-maréchal de Molkte, du ministre de la maison de l'Empereur et de tous les hauts fonctionnaires de la Cour. Puis l'on procède à l'embaumement et à la mise en bière. L'empereur est revêtu de l'uniforme du 1er régiment de la garde et les épaules sont couvertes du manteau gris historique, la tête est coiffée de la casquette militaire.

Et le bon peuple berlinois, bouche bée sous les fenêtres, regarde ce qu'on veut bien lui montrer, croit ce qu'on veut bien lui faire croire.

Le mensonge historique du chancelier sur la

mort de l'empereur est entré dans l'histoire par la grande porte triomphale de la bêtise publique.

M. de Bismarck triomphe à Berlin, mais il est vaincu à San-Remo.

COMMENT

ON DEVIENT EMPEREUR

COMMENT ON DEVIENT EMPEREUR.

Du lit au trône.

Près de San-Remo, dans une villa calme, presque mystérieuse, s'était installé le jour même de l'arrivée du prince impérial, le comte X..., un grand seigneur, victime de Bismarck, systématiquement écarté d'honneurs qui étaient pour lui des droits : droits de naissance, droits de talent. Ce personnage a joué un rôle dans la diplomatie, et il l'a bien joué. Il est considéré en Prusse comme l'*ami* de la France et il était le plus dévoué serviteur de Frédéric III.

Il s'était vengé du chancelier en se faisant le chevalier servant de l'Impératrice. Ami discret, mais sûr, il veillait du fond de sa solitude, attendant une occasion d'être utile. C'est lui qui m'a appris tout ce qui suit et *lui* n'était pas seulement en cette affaire un spectateur, il était un actif. — Nous avons vu comment le chancelier, par tous les moyens possibles, avait tenté d'obtenir de Frédéric III une abdication avant la lettre. Nous savons comment il avait échoué, quelle énergie féminine il avait trouvée en face de son énergie brutale. Nous avons vu la comédie jouée par le prince Guillaume échouer piteusement. Mais le chancelier n'avait pas renoncé à son projet. Il était revenu à son point de départ. Puisque Fritz ne voulait pas abdiquer à San Remo, il fallait l'accabler, le terrasser par un voyage à Berlin. Rentré en Prusse, le soldat et le fils n'auraient plus qu'à obéir à un ordre impérial, inspiré par le chancelier.

Il n'y avait qu'un moyen de faire quitter San-Remo au Kronprinz : inventer une maladie de Guillaume I⁰ʳ. Le chancelier comptait exploiter l'âme chevaleresque du prince impérial. On n'avait pu le prendre par l'esprit, il fallait le prendre par le cœur. C'est alors (le 6 mars) que, profitant d'une légère indisposition du vieux Kaiser, M. de Bismarck *corsa* les nouvelles, se fit correspondant de journaux, ordonna d'*allonger* les dépêches expédiées par les correspondants anglais ou français, et de leur donner un caractère alarmant. Je sais un journaliste de Paris qui envoya une dépêche de mille mots et qui lut avec stupéfaction dans son journal une dépêche de deux mille trois cents mots.

Le comte X... et la princesse veillaient. Ils découvrirent le complot et prirent des mesures défensives. La princesse se faisait renseigner sur l'état de l'Empereur par des amis sûrs.

Chaque fois qu'une nouvelle trop alarmante arrivait à la villa d'une source officielle, Fritz se levait, s'agitait, se désespérait et déclarait qu'il voulait partir ; mais sa femme avait une dépêche privée à lui mettre sous les yeux, une dépêche de source certaine qui calmait le malade.

Le 7 mars, cette ressource manqua. Les nouvelles officielles devenaient vraies subitement, *par un coup de malheur*.

Les dépêches privées de la Princesse étaient même plus alarmantes que les dépêches officielles du chancelier. Et cela n'a rien d'étonnant : il faut avoir connu l'entourage immédiat de l'Empereur, il faut savoir avec quel soin jaloux Bismarck l'avait composé de fidèles pour comprendre la difficulté que trouvaient les plus hauts personnages à se renseigner. Tant que le chancelier n'avait pas cru l'état de son maître alarmant, il avait grossi le danger ; mais, quand le danger fut devenu réel, le prince de Bismarck, plus effrayé que tout autre, dissimula la gravité qu'il grossissait la veille.

Tout l'entourage qui veillait autour du vieux monarque avec indifférence pour lui, avec affection pour Bismarck, avec insolence pour tous ceux qui n'étaient pas les fidèles du chancelier, tout cet entourage faisait bonne garde. Les amis du Kronprinz se voyaient fermer toutes les portes et avaient deux ennemis parmi les six aides de camp : le comte Lehndorff et le prince de Reuss. Par un hasard habilement combiné, ces deux officiers étaient de service depuis le 6 mars.

Le château royal n'était plus un palais, c'était une prison mystérieuse, dont l'entrée était aussi difficile que la sortie. Le comte Puckler, usant de son droit de chef de la maison de l'Empereur, avait fait interdire le palais à tous ceux — princes du sang, comme officiers de la couronne — qui n'étaient pas de service. Alors les nouvelles privées avaient cessé d'arriver à San-Remo, et la Princesse n'osait plus combattre les projets de départ de son mari. Il ne faut pas oublier, d'ailleurs, que si la Princesse était la plus dévouée des épouses, elle était aussi une femme héroïque, que son âme était sœur aînée de celle de Fritz, pour tout ce qui était grand et noble.

Le 8 mars, à midi, le Prince impérial, qui semblait sommeiller, s'était levé d'un bond et avait dit :

« Je partirai parce que mon devoir est de partir.»

La princesse n'avait pas répondu ; elle était sortie, avait vu le docteur Mackensie et lui avait demandé :

« S'il le faut absolument, pouvons-nous partir ? »

Le docteur avait réfléchi quelques minutes et répondu :

« Sans être absolument affirmatif, je crois

pouvoir répondre : *oui* ; mais à une condition, c'est que ce départ n'ait pas lieu avant demain soir. Le Prince est trop agité aujourd'hui. »

L'Impératrice causant, comme elle faisait volontiers, avec un Français qu'elle classait parmi *ses bons amis de San-Remo*, avait dit :

« Il ne faut pas oublier que nous ne pouvons compter sur *personne* à la cour actuellement. Le docteur von Lauer seul est un excellent homme, ami dévoué du Kronprinz ; mais il passe sa vie à craindre de se compromettre. A force d'être dévoué à tout le monde, il ne marque son dévouement pour personne et n'a même pas osé, en six mois, venir à San-Remo. »

Comme on lui demandait : « Que craint votre Altesse à la mort de l'Empereur,» elle avait répondu :

« Je crains tout, et ce n'est pas craindre assez. Un mourant nonagénaire peut signer bien des choses. Mais pourvu que le mieux se maintienne chez le Kronprinz, les projets tomberont d'eux-mêmes. Il ne faut pas oublier que Fritz est populaire, que s'il se montre au balcon du palais il sera salué par les hurrahs de tout un peuple. Pour personne la question ne se pose : il sera Empereur en vertu de son droit, et je ne crois pas que mon fils ose même rêver...

« Toujours est-il que l'amélioration est providentielle. Je frémis en pensant à ce qui serait arrivé si Fritz avait été dans l'état où nous l'avons vu il y a huit jours. »

L'amélioration était en effet extraordinaire. Les médecins en demeuraient étonnés : Bergmann niait toujours ; Mackensie enflait d'orgueil.

Le jeudi à huit heures du soir, la famille d'Allemagne allait se mettre à table quand fut portée la dépêche du Prince de Bismarck. L'impératrice, ses filles, le comte de Seckendorff, Mlle de Perpignan, la Comtesse Burll et le docteur Mackensie étaient seuls dans la salle à manger. Le Prince, assis dans le grand salon, près de la cheminée où brûlait un pauvre feu de veuve, relisait une longue lettre de S. M. Victoria d'Angleterre.

Les dépêches arrivées dans la journée ne laissaient plus aucun espoir. Cependant, la nouvelle produisit l'effet du plus inattendu des désastres. Celle qui ne s'appelait plus la princesse Victoria, mais l'Impératrice d'Allemagne, resta seule calme et sans émotion. Elle entra dans le salon :

« Fritz, dit-elle, préparez-vous à la douloureuse nouvelle : Vous êtes empereur. »

— Mon père est mort ! » s'écria Frédéric, avec cette voix aux tonalités gutturales et fausses que lui avait faite la chirurgie. Et il se leva. Sa face congestionnée, ses lèvres blanches, ses mains tremblantes, tout son être disait la douleur du fils, rien de plus.

L'Impératrice, la femme qui avait tout souffert pour arriver à l'heure du triomphe, n'avait pu s'empêcher de pousser le cri d'orgueil. L'homme doux, faible et bon poussait le cri de douleur. Étrange interversion des rôles qui peint ce ménage princier où la femme avait la virilité courageuse, où l'homme avait la délicatesse féminine.

Mais il fallait répondre à la dépêche du chancelier. Le docteur Mackensie était entré et replaçait la canule que les sanglots avaient fait dévier dans la gorge.

L'Impératrice, assise devant un petit bureau au pied du portrait de la reine Louise, écrivit une dépêche à sa mère, puis celle-ci adressée au chancelier : « Les troupes doivent prêter demain serment au nom de leur empereur. Pourquoi avoir dissimulé l'heure de la mort : j'ai assez confiance dans mon peuple pour n'avoir rien à craindre de lui. »

Frédéric lut et signa. Puis, remis de sa première émotion, il se tourna vers sa femme et écrivit avec calme :

« Nous partirons après-demain.

— Vous l'ordonnez ? demanda la princesse.

— Il le faut, écrivit encore Frédéric. »

La dernière journée à San Remo fut employée à recevoir et à envoyer des dépêches : Radolinski avait à ses ordres sept exprès qui allèrent à Vintimille porter des télégrammes chiffrés. L'espion du chancelier continuait son métier et renseignait son maître minute par minute sur les faits, gestes et paroles de la famille impériale.

Pendant ce temps, le nouvel empereur faisait connaître ses premières volontés... et la princesse les inspirait. Ce fut un cruel quart d'heure pour le chancelier que celui où il reçut l'ordre de venir, en plein hiver, par un froid de huit degrés, au-devant du nouvel empereur jusqu'à Leipzig.

« Ceci vient de l'Anglaise, » dit-il, et il tendit le télégramme froissé à son fils, le comte Herbert.

Le jour même, la *Gazette nationale* vengeait l'insulte par un article irrespectueux pour le nouvel empereur, et chose plus curieuse, peu respectueux pour Guillaume Ier. On y lisait le passage suivant :

« On peut être certain que les difficultés qui résulteront de la maladie de l'Empereur Frédéric seront surmontées par l'empereur et la nation, grâce aux conseils de l'homme d'Etat qui a, *plus que tout autre*, contribué à fonder l'Empire d'Allemagne. »

C'était aller un peu loin dans les flatteries au chancelier et faire peu de cas des services du vieil Empereur.

La déception du déplacement a été grande pour le chancelier; la même journée lui en ménageait d'autres plus désagréables.

Le prince de Bismarck avait informé Sa Majesté

Frédéric que le château royal de Berlin allait être préparé en toute hâte : L'Impératrice répondit et cette fois signa elle-même. « L'Empereur ira au château de Charlottenbourg. » — Et c'était tout. Et c'était beaucoup.

Charlottenbourg est à une heure de Berlin. En plein hiver, par un temps de neige et de glace, les déplacements sont difficiles.

Le chancelier pressentait qu'il ne pourrait pas avoir *sous la main* le nouvel Empereur, que son influence passagère serait balancée par l'influence de l'Impératrice, en un mot, l'Empereur allait échapper à son ministre. Le ministre le comprenait et l'Impératrice le voulait.

Le vieux parti fut très frappé, à Berlin, des deux premiers actes par lesquels le nouvel empereur, dès la première journée, manifestait sa prise de possession du pouvoir.

Il laissait libéralement à chacun le droit de porter selon son cœur et ses convenances le deuil de l'Empereur défunt.

Il remerciait les ministres de son père.

Ces deux actes furent, d'ailleurs, fort mal interprétés dans certains milieux.

L'empereur Frédéric-Guillaume avait eu pour préoccupation principale, en agissant comme il l'avait fait, de montrer l'esprit libéral qui l'animait et le souci qu'il avait des intérêts de son peuple, dont il désirait que les affaires commerciales ne fussent pas indéfiniment suspendues.

Toute prescription royale n'eût d'ailleurs rien ajouté au deuil spontané que tout le monde portait et ses sujets lui furent reconnaissants d'avoir témoigné de sa confiance en leur laissant la liberté de porter le deuil à leur guise.

Autre fait très remarqué :

Une dépêche de San-Remo, *non publiée,* avait prévenu M. de Bismarck de n'avoir rien à régler pour les funérailles avant l'arrivée de l'Empereur.

On ne dut guère dormir dans la nuit du 9 au 10 mars, ni à la villa Zirio, ni à la chancellerie de Berlin...

Samedi matin : le temps est sombre, même sur les bords de la Méditerranée toujours en rivalité de bleu avec le ciel qui la domine et se fond en elle. Une pluie fine et froide pénètre le corps d'humidité, l'âme de tristesse.

Devant la villa Zirio passent et repassent des fiacres dans lesquels, l'œil au guet, sont des journalistes qui craignent que l'heure du départ ne soit avancée ou retardée. Ce qu'ils veulent surtout, c'est que l'empereur Frédéric ne leur échappe pas, car on a déjà annoncé, en ville, qu'il partirait de quatre points différents et à la même heure !

De temps en temps, les grilles de la villa s'ouvrent pour donner passage à de grands fourgons remplis de malles multicolores et de toutes dimensions.

Les omnibus des hôtels Victoria et Méditerranée sont également bondés de bagages, car tout le monde part : personnages de la suite, fonctionnaires, agents de police, employés du train impérial, etc. Le même mouvement continue jusqu'à huit heures.

A ce moment, la première voiture emporte à la gare le comte Radolinski, maréchal de la cour, et le baron de Seckendorff, chambellan de l'Impératrice. Ils vont prendre les dispositions nécessaires pour le départ.

Une seconde voiture suit, emmenant les aides de camp de l'Empereur.

A huit heures trois quarts, les jeunes princesses Victoria, Sophie et Marguerite partent avec leurs gouvernantes. Puis viennent les dames d'honneur.

Enfin, à neuf heures moins dix minutes, dans un grand landau fermé, les vitres relevées, l'Empereur, ayant à sa droite l'Impératrice, et, en face de lui, le docteur Mackensie qui a un sourire de triomphe sur les lèvres et dans les yeux. C'est lui, pour ainsi dire, qui a posé sur la tête de son malade la couronne impériale. Il semble heureux d'avoir battu ses confrères d'Allemagne, d'avoir déjoué les plans du prince de Bismarck et d'avoir prolongé la

7.

vie de ce Prince, aujourd'hui Empereur, à qui les médecins allemands accordaient, il y a un an, à peine quelques semaines d'existence.

Il y a foule à la gare. L'Empereur descend de voiture, salue la foule, traverse sans s'arrêter le salon réservé et s'arrête devant le wagon impérial.

Les agents de police ont beaucoup de peine à empêcher l'envahissement du quai. Tout le monde veut voir le nouvel Empereur.

Le silence profond et respectueux gardé par tout le monde n'est troublé que par la voix d'un gamin qui s'écrie : « Le voilà ! »

L'Empereur est vêtu de noir avec un pardessus boutonné jusqu'en haut. Un col marron entoure la gorge. Au lieu du chapeau rond habituel dans ses promenades, il porte un chapeau haut de forme.

La physionomie du souverain est douce et triste. Le visage porte la trace des souffrances éprouvées.

L'Impératrice est en noir. Chapeau capote entouré d'un voile de deuil, petite visite et robe de mérinos noir.

Comme on le voit, le deuil de beau-père se porte léger à la cour d'Allemagne.

Avant de monter dans son wagon, l'Empereur, en passant devant Mmes Ormond et Zirio, met la main sur son cœur en signe de remerciement, salue la foule et monte, après l'Impératrice, dans le wagon impérial.

Les jeunes princesses, qui sont restées sur le quai, reçoivent les compliments des dames qu'elles connaissent. Elles portent des bouquets de violettes au corsage.

Au syndic de San Remo, M. le commandeur Aquasciatti, qui s'informait de sa santé, l'Impératrice dit :

« Mon mari va beaucoup mieux depuis trois jours. Quant à moi, je suis très fatiguée par toutes ces émotions et ce bouleversement. Je regrette beaucoup d'être obligé de quitter ce beau pays. Mais j'espère, si Dieu permet à mon mari de guérir, revenir ici et jouir avec calme de cette vie si douce et si agréable, loin des agitations des Cours et des grandes villes. »

A 9 h. 10, le train s'ébranle aux cris de: «Vive l'Empereur! *Hoch lebe der Kaiser!*» se mêlant aux hourrahs des Anglais. Les hommes agitent leurs chapeaux, les dames leurs mouchoirs.

L'Impératrice, ne pouvant retenir ses larmes, répond de la main aux cris et aux saluts.

Le train impérial est conduit par la machine n° 1024, suivie d'un fourgon de bagages, de deux voitures de la Compagnie internationale des wagons-lits, puis enfin de deux fourgons de bagages.

C'est M. l'ingénieur Ferrante qui fait fonction de chef du train.

Dans le premier salon impérial ont pris place l'Empereur, l'Impératrice, le docteur sir Morell Mackensie et le docteur Howell.

Comme un ami personnel du docteur Mackensie lui demande, en lui serrant la main : «Resterez-vous longtemps à Berlin?» l'Impératrice entend, se retourne et répond : « Le sauveur ne quitte pas celui qu'il a sauvé. »

On arrive à Sanpiedarena à midi quarante, le Roi Humbert d'Italie entre dans le wagon-salon de l'empereur et de l'Impératrice pendant que le train fait une manœuvre. Pendant que le Roi et l'Empereur très émus s'embrassent, se remercient, se félicitent, M. Crispi, entouré de son état-major de ministres, se morfond tristement sur le quai de la gare.

L'aspect triste et humilié du démocrate est la note gaie du voyage; il avait espéré, lui, l'ami de M. de Bismarck, se hisser dans le train impérial, recevoir un petit compliment. Et voici qu'il doit se contenter d'un salut protecteur de la main que lui envoie par la portière l'Empereur Frédéric. La mine piteuse d'il signore Crispi est si bien remarquée qu'au départ de Sampiedarena l'Impératrice dit à son mari :

« Le ministre avait l'air fort en peine. »

L'Empereur sourit et écrit:

« Ce Crispi me répugne depuis longtemps, c'est un valet dangereux pour le Roi d'Italie. »

Frédéric III faisait allusion à la platitude dont il avait été révolté lors d'un voyage en Italie.

A Gênes, l'Impératrice écrit elle-même à sa mère une dépêche dont voici le texte : « Pas moindre fatigue, Dieu merci ; couronne vaut remède. »

Le mot peint la femme mieux que les plus longs portraits. On avait cru que l'Impératrice avait une seule passion, son mari ; elle en avait deux : son mari et le trône, à moins que ce ne fût : le trône et son mari.

Le voyage commencé comme un déplacement presque bourgeois devint de plus en plus impérial à mesure que l'on avançait. A Milan, les carabiniers, les soldats d'infanterie présentent les armes.

En Allemagne, les manifestations tournent à l'apothéose : l'Empereur, après une excellente nuit, passe toute la journée à regarder la foule à travers les vitres de son wagon. Quelqu'un de sa suite lui dit :

« Votre peuple fait la haie, Sire. » — « Il a raison, répond le prince, je l'aime assez pour en être aimé. »

Avant d'arriver à Leipzig, l'Empereur quitte la redingote comme avant de partir de San-Remo, il avait quitté le chapeau rond ; c'est en grand uniforme de général, l'aigle noir au col, qu'il reçoit le chancelier. Le train a deux heures de retard ; depuis deux heures le maître clandestin de l'Empire attend son maître officiel sur un quai de gare et son hu-

meur s'en ressent. Il dit tout à coup au comte de
Culenbourg :

«Pour la première fois, depuis longtemps, je fais
«antichambre. » Puis c'est le comte Stolberg-Verni-
gerolde qui essuie un second coup de bourrasque :

« Que va faire l'Empereur? demande le courtisan.

— Se soigner, d'abord,» répond le chancelier avec
un gros rire.

Enfin, le train arrive. Curieux instant : l'un et
l'autre personnage veulent rester froids et l'émotion
malgré eux les gagne tous deux; le chancelier se
rappelle qu'il a devant lui un Hohenzollern, un fils
du Hohenzollern à qui Bismarck doit tout.

L'Empereur, lui, se souvient que le ministre a été
le grand créateur de l'Empire, et dans un mouvement qui n'a rien d'officiel, les deux hommes tom-
bent dans les bras l'un de l'autre et pleurent. Mais
la politique reprend ses droits et les premiers mots
du chancelier sont pour faire comprendre à Frédéric
la nécessité de rentrer à Berlin au lieu d'aller à
Charlottenbourg.

« Tout était prêt, dit le ministre, au château, et
dans la pensée que Votre Majesté reviendrait sur
sa détermination, rien n'a été défait. Votre peuple
vous désire, vous attend. Ce sera une déception
pour la population berlinoise que de vous savoir
dans une retraite presque lointaine; on croira que

Votre Majesté veut se cacher, qu'elle est plus souffrante qu'elle ne l'est en réalité. »

Assis, la tête entre ses mains, le prince écoutait. Il allait peut-être céder; déjà il prenait son crayon pour répondre.

Une main se posa sur son épaule, il se retourna et vit l'Impératrice qui lui dit simplement: « Fritz, il ne faut pas aller à Berlin. »

Alors l'Empereur écrivit pour le chancelier : « Vous voyez bien que c'est impossible. » M. de Bismarck lut et enregistra en bonne mémoire le souvenir de cette première défaite personnelle.

A partir de ce moment, le chancelier cacha si peu sa mauvaise humeur que les journaux annonçaient la possibilité de la retraite du ministre.

La fatigue du voyage, l'émotion, la visite du chancelier, tout avait contribué à énerver l'Empereur.

Une tourmente de neige, cinq degrés de froid, voilà ce qui attendait à West-End l'Empereur d'Allemagne; et pourtant la circulation était presque impossible dans les allées du parc de Charlottenbourg. Lorsqu'un coup de sifflet de la locomotive annonça l'arrivée du train impérial, un régiment de la garde fermait les issues de la gare; une longue étoffe de drap jetée sur le wagon formait une sorte de tunnel destiné à préserver l'Empereur de l'air trop vif et à lui faciliter le passage. La voiture attelée de quatre chevaux s'engouffra sous ce singulier arc de triomphe et ressortit bientôt au triple galop.

Voilà comment le second Empereur d'Allemagne entra dans sa capitale. Ce malade ressuscité par je ne sais quelle force mystérieuse, se relevant d'un lit qui était déjà presque un cercueil, bravant les glaces des montagnes pour aller au devant de son devoir, cette foule immense attendant des heures entières pour ne rien voir, tout cela constitue un spectacle merveilleux parce qu'il montre le lien mystique qui dans les royautés traditionnelles, dans les monarchies autoritaires, enchaîne le lendemain à la veille, la mort à la vie, le pouvoir tombé au pouvoir relevé.

Superbe et désolé spectacle digne du tragique génie d'un Shakspeare, que celui de deux châteaux impériaux séparés par quatre kilomètres de neige, et contenant l'un l'Empereur mort, l'autre l'Empereur mourant.

Charlottenbourg — la résidence de vie, est une lourde construction écrasée sous son dôme et enfoncée dans un parc humide. Extérieurement, elle offre un aspect délabré et abandonné.

A gauche de la cour, se trouve un jardin à la française, dessiné par le Nôtre, et au milieu duquel s'élève le mausolée de la famille de Hohenzollern.

Ce monument est un petit temple dorique. A l'intérieur, on admire les sarcophages en marbre, style

Renaissance, sur lesquels reposent les statues couchées de Frédéric-Guillaume III et de la reine Louise, œuvre du sculpteur Ranch.

Charlottenbourg est la résidence d'été de la famille royale de Prusse depuis le siècle dernier.

Intérieurement, on se croit à la villa Zirio : même ameublement britannique, simple, confortable, tapis épais, tentures légères, pitchpin, nickel.

Le grand salon seul, avec son rococo germanique, tranche dans la dureté de son bois blanc et or, de sa soie cerise. Partout on trouve l'inévitable collection de photographies. Toute la famille ou même toutes les familles royales sont là. La chambre de l'Empereur, située au premier étage, a deux fenêtres; elle est tendue de drap olive avec des sièges bleus, un lit de milieu en cuivre avec une couverture rouge, enfin une chaise-longue jaune. C'est le petit salon de la princesse de Meiningen transformé.

Là reposera *Kaiser Friedrich*. Un intime de la maison impériale a tout fait préparer avec une sollicitude dévouée, et, dans le château, il règne une température de vingt degrés, la même que dans le wagon.

Autour du château, le silence solennel de la forêt, le silence entrecoupé par la marche et le mot de passe des sentinelles.

A Berlin, est le palais de la mort. Mais au grand bruit qui se fait autour du château, à voir ces quarante mille personnes qui s'obstinent sous la neige à attendre l'Empereur, on croirait que là est la vie.

Une cérémonie solennelle se prépare.

Le prince Guillaume, qui a prétexté une indisposition pour ne pas aller à Leipzig, et qui s'est contenté de recevoir son père à Charlottenbourg, vient de retrouver ses forces pour conduire le corps de son aïeul du Palais-Impérial au Dôme.

La foule,—une immense tache noire sur un tapis blanc,—a envahi les trottoirs, les quais, tout ce que la police ne garde pas. Les rues, la place, le pont sont bordés par une haie de soldats. Les draperies noires flottent au vent, des flocons de neige jettent la note de tristesse blanche dans le concert de tristesses sombres. Les becs de gaz sont voilés de crêpe et les soldats sans armes éclairent la grandeur de cette scène avec des torches de cire : cette lumière vacillante jette sur tout. — hommes et choses — des reflets rouges, comme des reflets de sang. Le silence est si grand que la vie semble s'éteindre devant cette scène de mort. Seule la cloche de la cathédrale sonne le glas. La lugubre et fantastique chevauchée commence.

Voici, ouvrant la marche, les gardes du corps; au-dessus du manteau noir brille l'aigle aux ailes éployées. Puis les cuirassiers défilent lents et silencieux : les fers des chevaux ont été entourés de

linge. Enfin les princes, les membres du ministère,
M. de Bismarck, M. de Moltke, le corps diplomatique et aussi les domestiques, les chasseurs, les
courriers, les valets, les grands et les petits suivent sans ordre. A l'entrée du dôme, les droits de
préséance se retrouvent, et personne n'entre,
excepté les princes, M. de Bismarck et M. de
Moltke.

Du 14 mars au 17, jour des funérailles, l'intérêt
est partagé entre les cérémonies officielles et les
intrigues politiques. Les premières servent de
voile aux secondes. La mise en scène a pour but de
dissimuler les accidents de coulisse. Voyons d'abord
ce qu'on laisse entrevoir au public; nous verrons
ensuite ce qu'on lui cache.

Au château on avait montré aux privilégiés défi-
lant pieusement, le père du peuple, le père de la
grande famille allemande. Au Dôme c'est devant le
César que passe la foule respectueuse. L'église est
décorée non pas comme pour un jour de deuil mais
pour un jour de fête. Les draperies sont en velours
rouge. Deux milles couronnes de fleurs naturelles
forment un parterre aux notes gaies et vivantes.
L'Empereur est en grand uniforme. Le grand cordon de l'aigle noir marie son ton orange au ton
ivoire de la figure. Autour du lit de parade des soldats montent la garde, mais ces soldats portent les

plus grands noms de l'empire, ce sont des généraux et des maréchaux qui, raides dans leurs uniformes brillants, font la veillée funèbre. Le feld-maréchal de Blumenthal, portant l'étendard de l'empire, a l'air d'une statue descendue de son socle plutôt que d'un être vivant.

Et la population défile en une théorie interminable, tandis que l'empereur Guillaume, la tête sur un coussin de satin blanc frangé d'or, la main pendante hors du cercueil, semble s'être endormi dans une dernière bénédiction. Un homme petit, nerveux, le front haut, le regard dur, circule sans cesse à travers la foule, cherchant les vieux officiers, les capitaines, les lieutenants-colonels, les généraux-adjudants, tous les vétérans de l'armée qui sont mêlés à la foule. Le jeune prince les prend par le bras, les mène jusqu'au pied du cercueil, leur dit un mot flatteur, leur évite la longueur de l'attente en les faisant entrer et sortir par la porte de la sacristie. C'est le kronprinz Guillaume qui soigne sa popularité.

Cependant, l'Empereur veut voir son père avant que le cercueil n'ait été martelé des derniers clous. A dix heures du matin, dans un coupé, vitres levées, il arrive avec l'impératrice, traverse toute l'église d'un pas ferme, la jambe tendue comme à la parade. Devant le cercueil, il s'arrête, se tient debout, veut maîtriser son émotion. Mais il est vaincu et tombe comme une masse à genoux, aux pieds du cadavre.

« J'ai cru, disait un officier en racontant cette scène, qu'au lieu d'un mort, il y en avait deux. Le fils était plus pâle que le père. Au bout de cinq minutes seulement, les sanglots ont prouvé que l'âme de Frédéric n'était point allé rejoindre celle de Guillaume. »

Après cette visite, l'Empereur rentre à Charlottembourg et il n'en sortira plus.

Le 15 mars au matin, on lui soumet le décret réglant officiellement la cérémonie des obsèques et assignant la place de chacun dans le cortège.

L'empereur lit attentivement et tout d'un coup, levant la tête, il demande d'un ton ferme, et avec un mouvement superbe :

« Et la place de l'Empereur, où est-elle ? »

Le secrétaire de la chancellerie rougit et balbutie :

« Je croyais que Votre Majesté... »

L'empereur lève les épaules sans répondre et, d'un trait, marque sa place en tête des familles régnantes. Le geste était beau, la volonté vraiment royale et filiale. Mais il faut renoncer à ce projet.

Le 16 mars, il n'y a derrière le cercueil de l'empereur Guillaume Ier, ni son fils, ni son chancelier, ni le maréchal de Moltke. Les deux premiers sont malades et le troisième... aussi.

M. de Bismarck, atteint d'un accès de goutte compliqué d'une rupture de varice, est dans une réelle impossibilité de sortir, il en est désolé, mais il tient à ce qu'on le croie atteint de sa maladie ordinaire : la *diplomatite aiguë*.

Le 16 mars est le grand jour.

Le froid a été intense toute la nuit, et le vent du Nord n'a pas cessé de souffler.

Dès sept heures du matin, la foule se masse sur les trottoirs, se disposant à passer là toute la journée, et à supporter sans murmurer le froid, la faim et les rebuffades des soldats, qui se rangent sur quatre rangs dans les avenues que doit parcourir le cortège, depuis la cathédrale jusqu'à la porte de Brandebourg.

De tous côtés, les ouvriers poussent activement les derniers préparatifs de la cérémonie funèbre. On est en retard, et, à la dernière heure, des mâts et des ornements divers ne sont pas encore en place.

La décoration des voies publiques est très luxueuse : tout le drap noir de Berlin flotte au vent.

La porte de Brandebourg est couverte d'un crêpe noir, et sur la place on a dressé un grand arc de triomphe, qui porte l'inscription suivante, que plus d'un a jugé un peu bizarre :

Que Dieu bénisse sa sortie.

Devant l'entrée de la cathédrale, on a élevé une

statue du Christ qu'on a dorée à la hâte et recouverte d'un velum noir.

La cérémonie funèbre à la cathédrale a commencé par un prélude d'orgue pendant l'arrivée des assistants.

Au début du prélude, exécuté en sourdine, le premier chambellan et les ministres sont allés se placer derrière les tabourets sur lesquels avaient été posés les insignes de l'empire.

Le général de Pape s'est avancé ensuite, portant la bannière et s'est arrêté au chevet du cercueil. Les aides de camp généraux de Lehndorff et Radziwill sont venus se placer à ses côtés, l'épée nue.

Les personnages princiers ont fait alors leur entrée dans la nef, tandis que le Prince et la Princesse impériale faisaient leur apparition dans leur tribune. Mais le Prince impérial n'a pas tardé à quitter cette place, et, dès le début de la cérémonie religieuse, il est venu se placer, debout, derrière la bannière de l'Empire.

A côté de lui étaient le roi de Saxe, le roi des Belges et le roi de Roumanie. Tout près de lui se trouvaient le grand-duc de Bade, le prince Henri, le prince Albert et les autres princes de famille royale; le prince héritier Rodolph d'Autriche, le grand-duc de Russie, les grands-ducs Michel et Nicolas, le prince de Galles; les princes héritiers d'Italie, de Danemarck, de Grèce, portant chacun l'uniforme de leur pays; les princes de Bavière, le grand-duc de Hesse et tous les autres personnages princiers présents à Berlin.

Tout près des princes souverains étaient les envoyés extraordinaires des grandes puissances, le corps diplomatique étant à l'écart dans la tribune qui lui était réservée.

A onze heures a commencé la cérémonie religieuse. Les chœurs ont fait entendre quelques chants, et le pasteur Kœgel a donné la bénédiction au cercueil, tandis qu'au dehors retentissaient des salves de mousqueterie.

L'intérieur de l'église contraste par sa simplicité avec la décoration exagérée de la façade.

Le cercueil, recouvert de velours rouge lamé de bandes dorées, est placé près de l'autel, entre six grands candélabres. Le cimier impérial, surmonté de plumes blanches et noires, placé sur le cercueil, est l'objet principal qui frappe la vue, car le catafalque est peu élevé.

A droite et à gauche se groupent les ministres : MM. de Stollberg, de Puttkamer, Bronsart de Schellendorff, docteur Friedberg.

Derrière eux, des généraux, chevaliers de l'Aigle noir; le prince de Hohenlohe, les présidents du Reichstag et du Landtag.

Depuis onze heures, toutes les cloches de la ville

sont en branle, et sonnent jusqu'à la sortie du cortège par la porte de Brandebourg.

Il est une heure. La cérémonie religieuse est finie.

Les portes s'ouvrent; on aperçoit dans le fond obscur de la grande nef un scintillement de lumières, et plus près apparaissent comme un miroitement, les uniformes brodés et les décorations étincelantes.

Sur la place, les uhlans, portant des lances avec des oriflammes noir et blanc, font demi-tour. Les hussards, les cuirassiers blancs les suivent, puis l'artillerie, et le cortège.

Le comte de Stolberg s'avance le premier, portant la couronne sur un coussin; puis viennent : le ministre de Puttkamer, portant le sceptre impérial, M. de Maybach, avec le globe impérial; le ministre de la guerre, avec l'épée impériale; le ministre de la justice, avec les sceaux de l'empire; M. Luzius, avec la chaîne de l'ordre de l'Aigle noir; M. de Bœtticher, avec le diadème royal; les ministres Goszler et Scholz, avec l'épée royale.

Ces personnages sont entourés d'une garde composée de deux officiers d'état-major et de douze capitaines.

Après eux s'avance le général de Pape, portant la bannière noir et blanc de l'empire, entre les deux aides de camp généraux.

Le cercueil a été enlevé du catafalque et porté par douze colonels jusqu'au char funèbre.

Le char, très bas, est traîné par huit chevaux ; c'est une simple plate-forme, sur laquelle on glisse le cercueil à découvert ; l'opération prend dix minutes, pendant lesquelles on joue des marches funèbres. La famille impériale, les rois, les princes attendent sur les marches, et la rue est remplie d'uniformes, de casques, de plumes, de domestiques et d'ordonnances courant à droite et à gauche, pour jeter sur les épaules des vieux généraux des fourrures et manteaux, car le froid est très vif, et tout le monde paraît visiblement en souffrir.

Huit officiers d'état-major conduisent les chevaux du char. Quatre chevaliers de l'ordre de l'Aigle noir portent les cordons du poële. Seize généraux portent un dais au-dessus du cercueil et ont grand'peine à maintenir ce lourd fardeau contre le vent.

Derrière le char viennent les rois, qui attirent les regards de la foule ; enfin le prince impérial Guillaume qui, depuis le Dôme jusqu'à la sortie de la ville, a gardé la même attitude impassible, marchant droit comme à la parade, sans jamais tourner les yeux. Un voile noir descend de son casque à plumes blanches et lui couvre le côté droit du visage en tombant sur sa capote noire.

A deux heures, le cortège atteint la porte de Brandebourg ; la cérémonie publique est terminée. Le spectacle change. On rapporte à la Chancellerie les insignes impériaux.

Le corps diplomatique, les officiers généraux, les magistrats se retirent. Les voitures de gala attendent et prennent les princes et les ambassadeurs extraordinaires ; elles partent au galop dans la direction de Charlottenbourg.

Trois voitures contenant les princes du sang restent derrière le cercueil, qui avance, précédé de troupes et suivi des corporations ouvrières.

A Charlottenbourg, où le char funèbre n'arrive que vers trois heures et demie, la foule est refoulée au loin jusque derrière les maisons du village. Quand les voitures font leur évolution devant le perron du château et déposent deux cents invités, la place et l'avenue sont vides, bordées seulement d'un double rang de soldats au port d'arme.

Pendant une heure, on attend le convoi, sur la terrasse. Tous les invités sont en uniformes chamarrés d'or et de décorations. Quatre habits noirs seulement, et ceux qui les portent grelottent par douze degrés de froid ; mais il a fallu quitter les pelisses.

Cent cinq coups de canon annoncent l'arrivée du char, et aussitôt, sur la route glacée, nous voyons arriver, au galop, un régiment de cuirassiers suivi de la garde. Toute la troupe fait, devant le château, une rapide évolution, pour former un W, initiale du nom de l'empereur Guillaume.

Le char arrive enfin, suivi de deux voitures de la Cour, dont descendent, quelques pas avant le château, les princes de la maison royale.

Immédiatement derrière le cercueil marche, tenu en main par le grand écuyer, le vieux cheval bai que l'Empereur montait dans ces dernières années. Le cercueil est porté à bras, depuis le perron jusqu'au mausolée, par quatorze sous-officiers de la garde.

Le prince Wilhelm et les princes du sang entrent seuls dans le mausolée, où prient déjà, depuis une heure, les princesses.

Le reste des invités forme la haie.

En passant, on voit, à une fenêtre du premier étage, un rideau s'agiter, et l'on entrevoit la figure triste de l'Empereur, qui est en grand uniforme et porte le grand-cordon de l'Aigle noir. L'Impératrice est à ses côtés, en grand deuil.

On sait quels efforts il a fallu pour empêcher l'Empereur d'assister aux obsèques. On a même obtenu qu'il ne se rendît pas au mausolée pour les dernières prières.

Ceux qui voient de loin prétendent, cependant, que l'Empereur a meilleure mine.

Dans le mausolée, le pasteur récite des psaumes,

tandis que sur la place la musique joue une marche
funèbre. Le cercueil est déposé dans le caveau. La
cérémonie est terminée.

C'est ici qu'a été célébrée la vraie solennité impériale dans sa simplicité toute militaire. Selon le
mot d'un prince étranger, ç'a été la dernière revue
passée par le vieil Empereur. Il ne faut pas oublier
pourtant que derrière cette armée, brillante personnification du règne fini, marchaient les corporations ouvrières, personnification du règne qui
commence.

La mission française a été l'objet d'une attention
spéciale : curiosité de la part du public, déférence
de la part des maîtres de cérémonie.

La couronne de roses, de violettes et de camélias,
ornée de rubans aux couleurs nationales, apportée
par le général Billot, était placée sur le char, tout
auprès de l'épée du vainqueur, et plus d'un Français a frémi dans la foule, devant cet hommage
inattendu.

La cérémonie a été empreinte, dans toute sa
première partie, de ce cachet militaire qui est la
marque des Hohenzollern. On a déployé toutes les
ressources du génie allemand pour donner à la
cérémonie un faste sans pareil et un cachet artis-
tique.

Vains efforts : tout était raide et guindé, froid et
sans émotion.

8.

Le hasard avait plus fait que les hommes, car ce contraste de la neige et des draperies noires, mettait jusque dans la nature les tristes couleurs de l'empire : noir et blanc. Tout était noir et blanc, et l'empire du Nord était là dans son apothéose de glace, de fers brillants, de canons et de soldats figés dans la raideur d'une discipline qui pénètre jusqu'à la moelle des hommes.

HOHENZOLLERN

CONTRE

BISMARCK

HOHENZOLLERN CONTRE BISMARCK

« La minute est au Kaiser, le temps est à
Dieu, » tel est le mot par lequel le chancelier de
Bismarck répondait le 13 mars à un de ses fidèles
qui s'inquiétait des bruits de démission. Ce mot
résumerait l'âme de l'homme, si cent mots ne l'a-
vaient déjà résumée.

A partir du 10 mars, M. de Bismarck joue une
partie fort compliquée.

Pour attirer le kronprinz Frédéric à Berlin, il a
d'abord exagéré la maladie du vieil Empereur, et
voici que la mort de l'un et le rétablissement de
l'autre ont brouillé tous ses plans.

Enfin, le chancelier, secoué par tant d'émotions,
se trouve réellement très fatigué, et, tandis qu'il
voudrait faire croire à une de ces maladies poli-

tiques dont il est coutumier, pour cacher ou préparer ses plans, il se trouve que son organisme surmené, fatigué à l'excès, l'empêche réellement de travailler. De violentes névralgies le font souffrir, et ses nerfs le rendent inabordable, incapable de toute tension d'esprit.

Cependant, il lutte avec la souffrance, et son énergie ne l'abandonne pas. Il sent combien le moment est décisif pour sa politique, et combien il est nécessaire pour lui de rester jour et nuit sur la brèche.

La veille de la mort de l'Empereur, le bulletin des lois de l'Empire publie un décret impérial vieux de quatre mois, mais toujours tenu secret.

Ce décret, le voici :

« En raison des changements qui peuvent se produire dans ma santé et m'empêcher temporairement de m'occcuper des affaires, et en raison de la maladie et de l'absence prolongée de mon fils, le Prince impérial, j'autorise Votre Altesse Royale à me remplacer dans tous les cas où je croirai avoir besoin d'être remplacé pour les affaires courantes du gouvernement, notamment pour la signature.

« *Signé :* Guillaume.

« *Contre-signé :* Bismarck.

« *A Son Altesse Royale le prince Guillaume.* »

Deux espoirs s'offraient au chancelier : ou bien on parvenait à déclarer l'Empereur atteint d'une maladie incurable, et alors il y avait lieu de pourvoir à la régence de l'Empire d'Allemagne. Cette régence revenait de droit au prince Guillaume.

Nous savons que le chancelier avait intrigué pendant de longs mois, nous savons que les voyages du prince Guillaume à San Remo n'avaient pas eu d'autre but, nous savons les tentatives faites auprès des médecins, nous savons que l'héroïque mensonge du docteur Mackensie avait tout sauvé.

Du côté de la régence, il n'y avait donc plus d'espoir possible. Toute la politique du chancelier devait avoir pour but, à la mort de l'empereur Guillaume, de faire donner tous les pouvoirs possibles au prince Guillaume, sous cette vague dénomination : *Expédition des affaires courantes*. Mais le décret publié ci-dessus devenait caduc par la mort de l'Empereur. Le prince Guillaume prenait le titre de kronprinz et par conséquent, n'avait plus aucun droit. Il était le premier sujet de Frédéric, point autre chose.

Voulant à toute force faire revenir Frédéric III à Berlin, M. de Bismarck lui avait donné à entendre que les pouvoirs confiés par son grand-père au jeune prince, ne prenaient fin qu'à l'arrivée du souverain. Qu'espérait M. de Bismarck, en faisant revenir l'Empereur ?

Les uns répondent qu'il agissait dans l'intérêt de la monarchie et voulait montrer à tous le souverain vivant et régnant.

Céux-là ignorent les quatre dépêches échangées le 9 mars entre Radolinski et le chancelier. Ces dépêches, chose curieuse, étaient écrites en français ou au moins chiffrées en langue française. Les neuf chiffres remplaçaient dans tous les mots, les neuf premières lettres de l'alphabet et c'était tout. Comme clef, c'était un peu plus enfantin et naïf. Ces dépêches partaient de Porto-Maurizio et les réponses arrivaient dans ce même village.

Voici le texte exact des trois premières et le sens de la quatrième :

1re DÉPÊCHE

(Radolinski au chancelier).

Porto-Maurizio, 8 mars 1888, 7 h. 55 matin.

Müsling, port amt 26 Friedrichstrasse.

BERLIN.

Bergmann affirme que voyage tuera.

LOE.

2ᵉ DÉPÊCHE

(Le chancelier à Radolinski).

Berlin, 8 mars, 3 h. 25 soir.

Worms, poste Porto-Maurizio, Italia.
Sera-ce comptant ou à terme?

MÜSEING.

3ᵉ DÉPÊCHE

(Radolinski au chancelier).

Porto-Maurizio, 9 mars, 10 heures 50 matin.

Müsling, port amt, 26 Friedrichstrasse.

Sans imprudence, à terme, avec imprudence, subito.

LOE.

9

4ᵉ DÉPÊCHE

(Le chancelier à Radolinski).

De celle-ci le texte exact est perdu. Elle répondait à la précédente par ce mot : « Evitez imprudence. » puis donnait à Radolinski de longs conseils pratiques sur les dépêches à envoyer pendant le voyage.

Ces dépêches en leur laconisme sont effrayantes comme le prologue d'un drame sombre. En les lisant on se rappelle une autre scène de la vie du chancelier. On se souvient de ces deux hommes, un roi et un médecin, noyés un soir dans quarante centimètres d'eau. On comprend que celui qui tue *à terme* son empereur ne doit pas avoir éprouvé grands scrupules à *suicider comptant* un roi subalterne.

Le chancelier qui jusqu'ici a brisé tout ce qui ne voulait pas plier, qui a déshonoré un de ses adversaires, M. d'Arnim, voit à la mort de son maître se réveiller autour de lui toutes les haines comprimées. Il est encore tout puissant, mais il peut ne plus l'être demain, et alors ce sera le grand *tollé* des victimes assoiffées de vengeance. Il connaît admirablement l'art de manier les hommes, mais il ignore celui plus difficile de vaincre les femmes. Il n'a pas peur de Frédéric, il a peur de Victoria.

Le jour même de l'arrivée de l'Empereur, il cherchera un auxiliaire. Contre une impératrice dans la plénitude de sa force, intelligente, il armera en guerre la veuve du vieil empereur.

Femme singulière que l'impératrice Augusta ! Après cinquante ans de froideur, elle a gardé pour son mari un dévouement sans bornes, un culte véritable. Sa tendresse ne se démentit pas un instant et elle ne se réveille de la torpeur où l'a jeté son veuvage que pour aller par ordre du chancelier à Charlottenbourg dicter à l'empereur les volontés du ministre.

La souveraine avait appris une leçon, la mère l'a oubliée en route, et cette première entrevue avec l'Empereur n'a été que la visite d'une mère à son fils, après de longues inquiétudes et après un grand deuil.

Longtemps l'Impératrice a pleuré dans les bras de Frédéric, et longtemps elle a parlé de l'Empereur mort et de San-Remo, et des médecins. Puis, on est venu à causer de l'avenir, et l'impératrice Augusta a fait pressentir à son fils son prochain départ.

Où ira-t-elle ? Les uns disent à Bade, les autres

à Rome. Il court même des bruits au sujet de sa prochaine conversion au catholicisme.

Qui sait si, maintenant qu'elle reste libre de ses actions, elle n'imitera pas l'exemple de la reine-douairière de Bavière, én demandant à l'Eglise des consolations que le monde ne peut lui donner !

Ce que fut la rage de M. de Bismarck en apprenant le résultat de cette visite, rien ne peut en donner l'idée.

« Mais elle est folle », hurlait-il, en parcourant à grands pas son cabinet les poings fermés, avec ces gestes furieux dont il est coutumier. Si grande et si vive fût la colère que le chancelier en tomba malade.

La *Gazette de l'Allemagne du Nord*, organe de la chancellerie, publiait le lendemain l'article suivant :

« Le chancelier de l'empire, par suite de l'émotion de ces derniers jours, se trouve très fatigué.

« La perte de celui qui a été son maître pendant tant d'années n'a pas seulement affecté profondément le moral du chancelier de l'empire. Malheureusement, la phlébite dont il souffrait autrefois a reparu.

« C'est pourquoi le professeur Schwenninger a jugé prudent, hier, d'accompagner le chancelier dans son voyage à Leipzig, où il allait recevoir Sa Majesté.

« D'après l'avis du professeur Schwenninger, le repos et la limitation du travail dans toute la mesure du possible sont devenus indispensables. »

En lisant cette note, l'idée devait venir à tout le monde qu'il y avait dans cette nouvelle une manœuvre, une feinte. Or, M. de Bismarck était malade, très malade. Les varices de la jambe gauche dont l'enflure était extrême empêchaient un traitement local. L'état nerveux du malade empêchait un traitement général.

Le chancelier envoya promener en un accès de colère ses médecins ordinaires ou extraordinaires, et il fit appeler.... le docteur Mackensie.

L'excellent Anglais, naïf comme tout bon insulaire, ne se tint pas de joie. Quand il passait devant une glace il se regardait amoureusement et disait : voilà le plus grand médecin de l'Europe.

Il arriva chez le chancelier, solennel et fier comme la bête chargée de reliques. M. de Bismarck lui demanda une consultation. Le docteur écrivit des ordonnances et le malade fit si bien causer son médecin, qu'après une demi-heure il savait tout ce qu'il voulait savoir. Comme quoi les maladies même réelles du chancelier sont utiles en politique.

Ce qui avait particulièrement irrité le chancelier et par conséquent aggravé sa maladie, c'est qu'il n'avait pas été appelé à participer à la rédaction des rescrits impériaux. A Leipzig, il avait remis à Sa Majesté le projet du manifeste à adresser au peuple allemand.

L'Empereur avait simplement écrit :

« Je l'examinerai mûrement ».

Il l'avait examiné, mais n'en avait tenu aucun compte.

Cette proclamation, ces rescrits, on en a beaucoup parlé, on les a très peu lu.

Voici le texte complet de la première.

« A mon peuple !

« L'Empereur a terminé sa vie glorieuse.

« Dans le père bien-aimé que je pleure et pour la perte duquel ma maison royale est, avec moi, plongée dans une douleur profonde, le fidèle peuple de Prusse a perdu son roi couronné de gloire ; la nation allemande, le fondateur de son unité ; l'empire ressuscité, le premier empereur allemand ; son glorieux nom restera inséparablement lié à la grandeur de la patrie allemande, de cette patrie dans la restauration de laquelle le labeur opiniâtre des peuples et des princes de Prusse a trouvé sa plus belle récompense.

« En relevant avec un soin paternel, et sans
jamais se lasser, à la hauteur de sa grave mission
l'armée prussienne, l'empereur Guillaume a établi
le fondement solide des victoires que, sous sa
conduite, ont remportées les armées allemandes,
et d'où est sortie l'unité nationale. Par là, il a
assuré à l'empire la position de grande puissance
que, jusque-là, avait souhaité tout cœur allemand,
sans guère oser l'espérer. Ce que, dans la lutte
ardente et pleine de sacrifices, il avait conquis à
son peuple, il lui a été donné de le consolider, de le
faire prospérer en bienfaits, grâce au labeur des
longues années durant lesquelles il a pu régner en
paix.

« Tranquille, se reposant sur sa propre force,
l'Allemagne est là, honorée dans le conseil
des nations, ne demandant qu'à jouir paci-
fiquement de ce qu'elle a gagné. S'il en est
ainsi, nous en sommes redevables à l'Empereur
Guillaume, à son inaltérable fidélité au devoir, à
son infatigable activité, consacrée uniquement au
bien de la patrie, soutenu en cela par le désintéres-
sement et l'esprit de sacrifice dont a fait preuve,
sans fléchir, le peuple prussien, et que partagent
toutes les nationalités allemandes.

« C'est à moi que sont dévolus maintenant tous
les droits et tous les devoirs attachés à la couronne
de ma maison. Je suis résolu à les maintenir fidè-

lement durant le temps que la volonté de Dieu pourra m'accorder de régner. Pénétré de la grandeur de ma tâche, tous mes efforts seront consacrés à continuer l'œuvre dans le même esprit que celui qui l'a fondée : faire de l'Allemagne le foyer de la paix, de concert avec les gouvernements confédérés, et travailler, avec les organes constitutionnels de l'empire et de la Prusse, à la prospérité du pays allemand.

« J'apporte ma confiance tout entière à mon fidèle peuple qui, à travers une histoire longue déjà de plusieurs siècles, a partagé avec ma maison les bons et les mauvais jours, car, sur la base de l'indissoluble union entre le Prince et le peuple, union indépendante de toute modification dans la vie des Etats et qui est l'impérissable héritage des Hohenzollern, je suis convaincu que je suis appelé à être, et j'en prends l'engagement, un roi juste et fidèle dans la joie comme dans la douleur.

« Dieu veuille m'accorder sa bénédiction et la force d'accomplir une œuvre à laquelle ma vie est désormais consacrée !

« Berlin, 12 mars 1888.

« *Signé :* FRÉDÉRIC. »

En même temps que la proclamation de l'Empereur, le *Reichsanzeiger* (journal officiel) publiait un rescrit du nouvel Empereur à M. de Bismarck :

« Mon cher prince,

« En inaugurant mon règne, c'est pour moi un besoin de m'adresser à vous, le premier serviteur de mon père, qui repose maintenant en paix dans le sein du Seigneur, à vous qui l'avez si fidèlement servi durant tant d'années.

« Vous avez été le fidèle et courageux conseiller qui a dirigé sa politique et en a assuré le succès. Je vous dois, moi et ma maison, une grande reconnaissance. Vous avez donc le droit de savoir avant tous quels sont les points de vue d'après lesquels devra se régler la conduite de mon gouvernement.

LES DROITS RÉCIPROQUES

« Les règlements établis par la Constitution et par le droit, pour l'empire et pour la Prusse, doivent d'abord être consolidés dans le respect et dans les mœurs de la nation. Il faut donc éviter, autant que possible, les ébranlements qu'occasionnent les changements fréquents des institutions de l'Etat et des lois.

« L'accomplissement des tâches qui incomberont au gouvernement impérial devra laisser intactes les bases solides sur lesquelles l'état prussien a, jusqu'à présent, reposé en sécurité. Pour l'empire, les droits constitutionnels de tous les gouvernements confédérés devront être scrupuleusement respectés, de même en ce qui concerne les droits du Reichstag. Mais il convient d'exiger du Reichstag et des gouvernements un semblable respect à l'égard des droits de l'Empereur.

« Il ne faut pas perdre de vue que ces droits réciproques ne doivent avoir pour objet que le développement de la prospérité publique, laquelle reste la loi suprême ; et l'on doit constamment tenir compte, dans la plus complète mesure, des besoins nationaux qui viennent à se produire, à s'affirmer nettement.

L'ARMÉE

« La plus nécessaire et la plus sûre garantie pour le tranquille accomplissement de cette mission est, à mon avis, dans la conservation non affaiblie des forces défensives du pays, de mon armée éprouvée, de la marine aujourd'hui florissante et à laquelle l'acquisition de nos possessions d'outre-mer impose de graves devoirs.

« Armée et marine devront toujours être tenues, sous le rapport de l'instruction militaire et de l'organisation, à cette hauteur qui a fait leur gloire et qui assure leurs qualités dans l'avenir.

FIDÉLITÉ A LA CONSTITUTION

« Je suis résolu à gouverner et l'Empire et la

Prusse en observant religieusement les dispositions de la Constitution impériale et royale. Ces dispositions ont été établies, par mes prédécesseurs sur le trône, avec la sage connaissance des incontestables besoins et des obligations si difficiles de la vie sociale et politique. Il convient qu'elles soient de toutes parts respectées pour que leur force et leur action bienfaisante puissent se manifester.

« Je veux que le principe de tolérance religieuse, que depuis des siècles ma maison a tenu pour sacré, continue d'être une protection pour tous mes sujets, à quelque famille religieuse, à quelque confession qu'ils appartiennent. Chacun d'eux est également près de mon cœur : tous n'ont-ils pas également, aux jours du danger, prouvé leur absolu dévouement ?

SOCIALISME D'ÉTAT

« D'accord avec ce que pensait mon impérial père, j'appuierai chaudement tous les efforts de nature à favoriser la prospérité économique des différentes classes de la société, à concilier les intérêts rivaux, à atténuer, autant que faire se peut, les défectuosités inévitables. Néanmoins, je ne veux pas éveiller cette espérance qu'il soit possible de mettre un terme à tous les maux de la société, au moyen de l'intervention de l'Etat.

« Je considère que la question des soins à donner à l'éducation de la jeunese est intimement liée aux questions sociales. Une éducation plus haute doit être rendue accessible à des couches de plus en plus étendues; mais on devra éviter qu'une demi-instruction ne vienne à créer de graves dangers, qu'elle ne fasse naître des prétentions d'existence que les forces économiques de la nation ne sauraient satisfaire.

« Il faut également éviter qu'à force de chercher exclusivement à accroître l'instruction on n'en vienne a négliger la mission éducatrice. Une race élevée dans les principes sains de la crainte de Dieu et dans des mœurs simples pourra seule posséder assez de force de résistance pour surmonter les dangers qu'à notre époque d'ardente agitation économique les exemples de vie à outrance donnés par quelques-uns font courir à la collectivité.

POLITIQUE D'ÉCONOMIE

« C'est ma volonté qu'aucune occasion ne soit négligée, dans le service public, de travailler à réagir contre la tentation de faire des dépenses exagérées. Mon examen impartial est assuré à tous les projets de réformes financières, si la vieille économie prussienne ne permet pas d'éviter le recours à de nouvelles charges ou d'amener un allègement des exigences actuelles.

« Je tiens pour très louable l'autonomie administrative accordée dans l'Etat à des associations grandes ou petites. Toutefois, je pose en question si le droit de prélever des taxes, accordé à ces associations, droit qu'elles exercent sans tenir compte suffisamment des charges imposées en même temps par l'empire et par chaque Etat, n'a pas pour effet de créer un fardeau hors de proportion avec les moyens. De même il convient d'examiner si on ne pourrait pas introduire dans la hiérarchie administrative une simplification qui, en diminuant le nombre des fonctionnaires, permettrait une augmentation des traitements.

CONCLUSION

« Si nous parvenions à asseoir fortement les bases de la vie politique et sociale, j'éprouverais ensuite une satisfaction particulière à pouvoir donner son plein épanouissement à la floraison, déjà si richement établie dans tout l'empire, de la science et de l'art allemands.

« Pour la réalisation de ces intentions, je compte sur le dévouement dont vous avez donné tant de preuves et sur le concours de votre expérience consommée.

« Puisse-t-il ainsi m'être donné, grâce à la collaboration unanime des organes de l'empire, à l'activité dévouée de la représentation populaire et à celle de toutes les autorités, grâce à la coopération

confiante de toutes les classes de la population ;
puisse-t-il m'être donné de conduire, dans un développement pacifique, l'Allemagne et la Prusse à de
nouveaux honneurs ! *Indifférent à l'éclat des
grandes actions qui apportent la gloire,* je serai
satisfait si, plus tard, on dit de mon règne qu'il a
été bienfaisant pour mon peuple, utile à mon pays
et une bénédiction pour l'empire.

« Votre affectionné,

« FRÉDÉRIC.

« Berlin, 12 mars. »

L'Empereur était-il le seul auteur de ces proclamations ?

Oui, car il les avait entièrement écrites de sa
main, mais sous la dictée de l'Impératrice. C'est à
San-Remo, pendant les longues soirées sans sommeil, qu'elle s'était préparée à être impératrice,
qu'elle avait rêvé ces discours comme autrefois
elle avait rêvé des plans de constitution. Ces idées,
elle les avait si bien fait partager à l'Empereur que
le premier manuscrit, le brouillon était écrit presque sans ratures. Ce travail avait été terminé le
12 mars à 11 heures du matin. L'Empereur avait
donné son manuscrit à Victoria qui l'avait lu
à haute voix devant deux fidèles, le comte de

Seckendorff et le comte X... Le document fut envoyé au chancelier à une heure, par un express, et à deux heures trente-cinq minutes le malade arrivait devant le perron de Charlottenbourg.

Il arrivait furieux.

La conversation entre l'Empereur et le chancelier ne dura pas moins de deux heures et fut des plus importantes.

L'Empereur insistait sur les réformes financières, revenant toujours à ce sujet quand son interlocuteur en abordait un autre.

Malgré tous ses efforts, M. de Bismarck ne put obtenir aucune concession, et force lui fut de cacher, aussi bien que possible, son mécontentement.

Je tiens ces détails du comte X...

Mieux que personne, il connaissait les desseins de la Cour, où il aurait eu une place importante, et où rien ne se faisait qu'il ne le sût aussitôt.

Je me hasardai donc à lui demander s'il n'y avait pas quelque ironie de la part de l'Empereur, à confier tout un plan de réformes au chancelier, à l'homme qui précisément les avait toujours combattues.

« Je ne réponds pas, me dit le comte X..., que les roses jetées soient sans épines ; mais, s'il y a ironie, elle résulte du contraste des choses ; elle n'est pas dans l'intention du souverain, qui indique royalement ses volontés à son premier ministre.

— Et le premier ministre restera ?

— Le premier ministre exécutera les ordres de son maître ; je le crois capable de tous les crimes mais pas d'une désobéissance. »

Je profitai de la bienveillance de mon interlocuteur pour lui demander ce qu'il pensait de la proclamation de l'Empereur et ce qu'on en pensait à la Cour.

« L'Empereur, me dit-il, a voulu surtout faire ressortir son absolu respect pour le glorieux souvenir de son père. Il répondait par cette courte, mais vibrante oraison funèbre à de ridicules potins d'antichambres diplomatiques. Aucun fils n'a jamais eu plus de tendresse, plus de dévouement, plus de soumission. Personne ne devrait s'y tromper.

» Je vous dirai, en outre, que Frédéric III est beaucoup plus Hohenzollern qu'on ne le pense. Il est avant tout très pieux, et il disait lui-même, hier, que sa première pensée était pour Dieu, la seconde pour l'Empereur son père. »

L'instinct des Français ne les avait pas trompés lorsque leurs sympathies et leur admiration allaient à l'Impératrice. Le manifeste et le rescrit montraient d'abord et par dessus tout le sentiment de l'honneur avec une délicatesse toute féminine.

Grâce à sa femme, Frédéric III allait être sur le trône ce qu'il avait été sur les marches du trône.

Exemple rare, le souverain réalisait les promesses du Dauphin.

Frédéric III se montrait humanitaire, libéral et pacifique. Il apparaissait dans son premier acte impérial comme un haut esprit et un grand cœur.

En Allemagne, l'effet fut immense et durable. Les Allemands lurent, relurent et se formèrent lentement une opinion durable sur cette première parole de leur Empereur. Pour connaître nettement cette opinion, il fallait entendre quatre cloches différentes : la Cour, l'armée, la bourgeoisie et le peuple. Le comte X... avait parlé de la première — de la nouvelle s'entend —. Celle de l'ancienne Cour était la même que celle de l'armée, mais il est difficile d'interroger un officier allemand. J'ai eu recours à un attaché militaire d'une ambassade étrangère. Il connaît parfaitement l'armée allemande, et voici ce qu'il m'a dit :

— Je ne puis vous cacher que les sympathies de l'armée sont plutôt pour le prince Guillaume que pour l'Empereur actuel. Cela ne veut pas dire qu'il y ait désaffection pour le souverain, mais le parti militaire espérait tout du jeune Prince, tandis qu'il se voit aujourd'hui un peu relégué au second plan.

Il ne faut pas s'étonner de ces tendances belliqueuses ; en tous pays, ceux qui portent une épée ont envie de se battre.

Cependant, la fin de la proclamation impériale a vivement ému les cercles militaires. Le passage : « Indifférent à l'éclat des grandes actions qui apportent la gloire » a semblé cruel aux créateurs de l'unité germanique.

Il m'a été facile de connaître l'opinion de la bourgeoisie allemande, en consultant un grand négociant de Berlin et l'un des principaux membres de l'Université.

« Parbleu ! m'a répondu l'honnête commerçant, on redit trop que l'Allemagne est une armée. On oublie que, en dehors de ces mystiques dangereux qu'on appelle les socialistes, nous avons une immense légion de travailleurs pacifiques et une petite armée de travailleurs intellectuels qui ne songent point à la guerre, et pour lesquels Frédéric III est le souverain idéal.

— Soyez sûr, m'a dit un illustre *professor* de l'Université, que, dans toute l'Allemagne pensante, l'enthousiasme causé par la proclamation a été immense.

» Le Kaiser a parlé en père et en souverain. Il ne peut y avoir de déception que pour les turbulents, qui rêvent complications intérieures et extérieures.

» Certains cherchaient à faire croire que les ins-

titutions nationales seraient ébranlées par le nouvel Empereur.

» C'est pourquoi il a voulu exprimer à cinq reprises son respect absolu pour la Constitution et pour
les droits des petits États, pourvu que ces droits
ne nuisent pas aux droits supérieurs de l'empire.

» Je vois surtout dans cette proclamation la
préoccupation du bien-être matériel, que la nation
n'a pas connu jusqu'ici. J'y vois aussi une tendance
vers l'unité financière, qui ferait la richesse de
l'empire.

» En exprimant son respect pour tous les cultes,
le Kaiser se souvient de ses actes comme Kronprinz, et il nous donne à tous satisfaction en nous
promettant des économies utiles par la simplification des rouages administratifs.

» Tout prouve qu'il sera heureux dans cette révolution espérée par tous, et qui est bien loin de la
révolution rêvée par quelques esprits faux. »

Après ce jugement donné par un des plus grands
esprits de l'Université allemande, j'ai voulu interroger un ouvrier, un de ceux qui travaillent et
non de ceux qui passent leur temps à organiser des
meetings.

« Ce que j'en pense ! m'a dit ce brave homme.
J'espère que le Kaiser nous donnera pain et travail,
sans prendre nos fils pour la guerre. Que Dieu lui
donne vie ! »

Telles sont les opinions manifestées sur cette proclamation, dans les différentes classes de la société. Elles sont de nature à donner confiance aux sentiments pacifiques du nouvel Empereur.

Si la nation allemande tout entière applaudissait au langage élevé de son souverain, si les socialistes eux-mêmes disaient en parlant de l'Empereur : « Enfin voilà un homme avec lequel on pourra s'entendre », par contre il y avait un petit groupe de mécontents, — petit par le nombre, grand par l'importance des personnages. Le chancelier, Moltke et le nouveau Kronprinz y pontifiaient leur désolation.

Le 14 mars, on se réunit chez le maréchal de Moltke et on discuta de l'attitude à prendre. Ce fut un véritable réquisitoire contre l'Empereur, un réquisitoire du fils contre son père.

Un roi de Prusse qui parle des droits de la représentation nationale ! un empereur d'Allemagne qui méprise les gloires militaires ! c'est trop, mais que l'empereur Frédéric III donne le premier cordon de l'aigle noir à un ennemi du chancelier, à M. Friedber, cela dépasse les limites permises.

Voilà ce que disait le prince Guillaume ; quant au chancelier, il avait un double rôle à jouer, il voulait exciter les mécontents, et lui-même ne pas paraître trop mécontent.

Il raconta que la proclamation lui avait été soumise et ajouta d'un air dédaigneux : « Je n'y ai rien changé à cause de l'état maladif de l'Empereur, sans cela, j'aurais trouvé beaucoup à redire. »

C'est la même pensée qu'il répétait le lendemain dans *la Gazette de l'Allemagne du Nord*. Dans cet entrefilet très caractéristique on trouvait une ironie qui révélait une main bien connue.

La conclusion était :

« L'on n'a pas le droit de critiquer la parole d'un Empereur. »

Mais revenons au conciliabule.

Après avoir longuement causé, les fidèles du chancelier en vinrent à cette conclusion qu'il fallait aux yeux du public s'en tenir à ce mot d'ordre :

« L'Empereur Frédéric a pour le chancelier la plus grande affection, le chancelier est le ministre le plus dévoué à son souverain ».

La presse comme un régiment bien discipliné prit le mot d'ordre à la lettre et le répéta sans une note discordante.

Dans leurs appréciations, les journaux libéraux montrèrent de l'enthousiasme.

Mais si les journaux conservateurs se montrèrent froids ils surent rester respectueux.

La *National Zeitung* essaya de prouver que feu l'empereur Guillaume était « la paix vivante », et exhuma, à l'appui de sa thèse, une vieille proclamation. La démonstration ne parut pas péremptoire aux Allemands.

La *Norddeustche Allgemeine Zeitung*, organe officieux du chancelier, se contenta de faire, à la suite de la proclamation impériale, une revue de presse, donnant l'appréciation des autres journaux, et réservant la sienne. Pas un mot personnel pour ou contre.

Seuls, les journaux Bavarois se montrèrent indisciplinés. Ils firent des vœux pour le rétablissement de la santé de l'empereur Frédéric, comptant sur lui — disaient-ils, — pour débarrasser la Bavière de la tyrannie de M. de Bismarck.

En même temps, le chancelier commençait la série des basses manœuvres.

On sait que, quand tous les autres instruments sont usés, M. de Bismarck joue assez volontiers des socialistes. Il fait distribuer par ses agents des pamphlets, des chansons où il dit ce qu'il veut dire, puis il fait arrêter cinq ou six socialistes, les accusant du méfait. C'est ainsi que l'on entendit un beau soir dans les rues de Berlin, le titre d'un immonde journal avec ce sous-titre : *Les scandales anglais à Berlin. Sifflons l'Anglaise !*

Que de pareils méfaits se commettent dans un pays troublé et révolutionné, que nous assistions à des polissonneries de ce genre en pleine République française, passe encore. Mais dans

un Empire où l'autorité règne avec ses charmes
et ses inconvénients, de pareils cris ne peuvent avoir qu'une source clandestine : le Gouvernement.

La police n'interrompit pas les hurleurs tant
qu'ils furent dans *Friedrichstrasse, Unter den Linden*, en un mot dans les voies très fréquentées.
Puis, dans les rues désertes, lorsque les cris n'u-
rent plus d'écho, elle les fit emprisonner... et relâ-
cher.

De son côté le vieux parti ne restait pas inactif,
une main inconnue distribuait dans les casernes de
Cassel, de Cologne, de Leipzig des chansons hostiles à l'Empereur, exaltant les mérites du futur
souverain, le prince Guillaume.

Il aurait fallu à l'Empereur beaucoup d'énergie,
il n'en eut qu'un peu. Il aurait fallu de la volonté,
il ne montra que de la bonne volonté.

Ce ne fut certes pas par la quantité de travail mais
par la qualité de ce travail qu'il pécha.

Aux observations que lui présentait le docteur
Mackensie sur cet excès de fatigue, il répondait :
« Le temps ne m'appartient pas », parodiant ainsi
cruellement le mot du chancelier.

Frédéric III présidait les conseils de ministres,
recevait les généraux, travaillait les questions de
détail et ne comprenait pas qu'il eût mieux valu

garder ses forces pour les grandes affaires. Il mé-
contentait le chancelier par la réintégration d'un
adversaire déclaré : le général Stosch, par le main-
tien d'une maison militaire très hostile à M. de
Bismarck.

Des exilés volontaires partaient, des exilés for-
cés rentraient. La maison du nouvel Empereur subis-
sait de grandes modifications. Frédéric III appelait
à lui tous ceux qui avaient été ses amis de jeunesse.

Croyant pour le bien, incrédule pour le mal, il
refusait à l'impératrice la disgrâce de Radolinski,
et donnait à l'espion du chancelier la fonction intime de grand maître du palais. C'était le commencement de la faiblesse, c'était le commencement de
la défaite. Nous verrons l'Empereur peu à peu se
laisser vaincre, séduire, dominer par cet étrange
hypnotiseur de souverains qui est Bismarck.

Toute l'Europe suivait avec intérêt, avec passion,
la transformation d'un gouvernement autoritaire
en gouvernement libéral. C'était une immense évolution, presque une révolution. Napoléon III seul
avait fait une tentative du même genre mais il
avait échoué. Tout autres étaient les conditions
politiques offertes à l'Empereur d'Allemagne. Il
pouvait agir dans toute la plénitude de ses droits
sans crainte de l'étranger, sans crainte d'un système parlementaire dont il aurait été à la fois le
créateur et le moteur.

Il y avait quelque chose de sublime dans le rôle
de cet Empereur menacé de descendre au tombeau,
et accomplissant une œuvre immense.

L'Europe attendait avec impatience parce qu'elle
attendait avec sympathie. Eh bien elle se trompait!
Le véritable empereur n'était ni dans le mausolée,
ni dans le château de Charlottenbourg, il était toujours au palais de la chancellerie. On le vit claire-
ment le 19 mars. Ce jour-là parurent trois documents officiels, trois messages qui formaient la
triple revanche du chancelier.

Il est intéressant et triste à la fois, de comparer
l'esprit de ces trois discours et celui de la première
proclamation.

Dans son message au Reichstag, l'Empereur ne disait rien, il se retranchait derrière le souvenir de son
père et promettait de protéger «le droit et la justice,
la liberté et l'ordre, de sauvegarder l'honneur de
l'Empire, de maintenir la paix à l'extérieur et de
travailler à la prospérité de la nation ».

A neuf heures du matin, M. de Bismarck tenant à
la main ce message recevait le prince Guillaume,
lui tendait la pièce et le priait de lire. Il disait en
même temps :

« Cette fois, c'est moi qui les ai faites ».

C'est d'une voix solennelle et autoritaire, d'une
voix de maître que le chancelier lut la parole de son
souverain. Les mots tombaient de ses lèvres comme

des insultes dédaigneuses pour ces parlementaires vermiculaires, triomphants d'hier, vaincus d'aujourd'hui.

Les membres du Reichstag, ceux du parti du centre et les libéraux, se regardaient consternés. Que s'était-il passé? Toutes les espérances, tous les rêves d'un mois tombaient en une heure.

Et le discours de M. de Bismarck? Ce fut bien autre chose. Deux personnages y occupaient le premier plan, l'Empereur défunt et celui que le chancelier appelait presque ouvertement l'Empereur de demain. De Frédéric III, rien ou presque rien. Quant à la péroraison, elle était superbe d'ironie pour le monde entier. Le remerciement aux représentants des peuples qui avaient entouré le cercueil du vieux Kaiser était le remerciement d'un maître à des valets, et la dernière phrase du discours frappait l'âme comme un roulement de tambour :

— « Ni Napoléon, ni Louis XIV n'ont été aussi regrettés, et ces manifestations sont un fait unique dans l'histoire. »

Après la séance, M. de Bismarck eut un mot plus impérial encore, un de ces mots de derrière la porte qui lui sont familiers.

Après avoir montré au public son mépris absolu pour tout ce qui n'est pas Hohenzollern, il montre en famille son mépris pour les Hohenzollern.

Comme un prince le félicitait de son discours, il

répond : « Il fallait que mon maître fût le souverain le plus craint de l'Europe pour avoir tant de rois derrière son char funèbre... »

Puis il ajouta : « C'était le seul homme qui, sous ma main, aurait pu devenir un bon ministre des affaires étrangères. »

Les deux premiers discours parlementaires de Frédéric III avaient été un brillant succès pour M. de Bismarck. La proclamation aux Alsaciens-Lorrains fut un complet triomphe.

Ceux qui comptaient sur les sentiments libéraux du nouvel empereur furent bien déçus en lisant ce document. Germaniser l'Alsace et la Lorraine par l'esprit et par les mœurs, tel est le projet du chancelier. Nous verrons plus loin quels moyens il emploie pour atteindre ce résultat. En attendant, voici le texte de la proclamation qui fut affichée dans toute l'Alsace et la Lorraine au moment même où les vaincus naissaient à l'espérance :

« Nous avons conscience de la tâche qui nous incombe, d'entretenir dans ce pays le sens allemand et les mœurs allemandes, de protéger le droit et la justice, et de travailler à la prospérité et au bonheur de ses habitants.

« Nous demandons et nous attendons le respect consciencieux des lois. De notre côté, nous accorderons aussi notre impériale protection aux droits de chacun.

« Par une justice impartiale et par une administration respectueuse de la loi, bienveillante et prudente, mais conduite d'une main ferme, la réunion imprescriptible de l'Alsace-Lorraine avec l'empire allemand deviendra aussi étroite qu'elle l'a été au temps de nos ancêtres, avant que ces pays allemands aient été arrachés à leur antique et glorieuse union avec les populations de la même race, leurs compatriotes. »

Cette proclamation aurait dû être signée dès le 16 mars. Une première fois, l'Impératrice en avait empêché la publication, mais en quatre jours, l'influence du chancelier avait grandi : le 19 mars, Frédéric III signait cet acte. L'Impératrice toujours sur le qui-vive, trouvant du temps pour agir et pour pleurer, se précipita dans le bureau impérial dès qu'elle apprit l'intention de son mari :

« Il est trop tard, répondit le prince, j'ai promis à M. de Bismarck cette signature. »

— « Vous m'aviez fait, s'écria l'impératrice, une promesse qui avait au moins la priorité. »

— « Que voulez-vous? Il faut que je signe cette formalité, mais j'adoucirai la théorie par la pratique. »

On le voit, l'empereur marchait de concessions en concessions, de faiblesses en faiblesses, et M. de Bismarck ne se tenait jamais pour satisfait. Cependant, les journaux allemands officiels

ou officieux prouvaient à coups d'articles variés
que la crise de chancellerie était heureusement con-
jurée. Selon eux, autant de morts que de blessés,
pas de morts. Le voyage de l'Impératrice à Posen
auprès des malheureux inondés, voyage qui fut un
triomphe de trois jours, avait donné à cette vaillante
une nouvelle énergie.

Fière d'un premier succès, l'Impératrice répondit officiellement à l'adresse des dames de Berlin,
et la fin de cette réponse avait une allure qu'il est
curieux de signaler :

« Avec une sincère affection, un enthousiasme
joyeux, je mets toute ma force au service de notre
peuple.

« Après les nombreux témoignages de sympathie
qui me sont parvenus de la part des Berlinoises,
comme aussi des autres dames allemandes, j'ai la
certitude qu'elles continueront de travailler avec
moi à l'accomplissement des grands devoirs qui
incombent aux femmes : adoucir la misère et la
souffrance, donner de nobles joies et, par des soins
bien entendus à l'enfance et à la jeunesse, établir
la base solide de toutes les vertus vraiment
humaines. »

Cette réponse avait plutôt l'air d'un chant de victoire que d'une proclamation de paix.

Tout à coup, le 12 avril, une nouvelle éclata qui
frappa d'étonnement toute la nation allemande.

10.

L'empereur annonçait presque officiellement qu'il avait eu un grave entretien avec le comte de Stolberg.

Ce personnage très diplomate, très insinuant, également apte au bien et au mal, avait su captiver depuis longtemps la confiance de Frédéric III. Il avait occupé les fonctions de vice-chancelier et avait dû démissionner pour n'avoir pas su comprendre que son titre correspondait avec celui de premier secrétaire de M. de Bismarck.

Singulière fut l'entrevue du comte de Stolberg avec son Empereur. Brusquement et sans préparation aucune, Frédéric III tendit à celui qui avait été son ami d'enfance un carré de papier sur lequel étaient écrits ces mots :

« Accepteriez-vous la succession du chancelier? »

M. de Stolberg, ahuri, écrasé, stupéfait, se laissa tomber sur une chaise et répondit : « Les volontés de Votre Majesté sont des ordres, mais je ne crois pas la succession vacante. » Il ne se trompait pas. Le mariage Battenberg rendait seulement l'hypothèse presque vraisemblable.

IDYLLE ROYALE

IDYLLE ROYALE

Au milieu du drame, ceci est une jolie scène d'amour, et encore faut-il que la politique de sa lourde main puissante vienne mettre des ombres au tableau gracieux.

On a tant parlé du mariage Victoria-Battenberg qu'on est loin d'avoir dit toute la vérité.

Un beau jour l'impératrice annonça triomphalement que l'union de sa fille et du jeune prince allait être célébrée. Cette union gênait depuis longtemps les projets russophiles du chancelier. De plus, le prince de Battenberg avait jadis blessé l'orgueil du premier ministre. Enfin, cet incident n'était qu'un incident de la campagne que le prince de Bismarck menait, odieuse et violente, contre une femme qui était sa souveraine.

Le chancelier avait cette fois à combattre forte partie. Il fallait vaincre trois «victoires», la reine d'Angleterre, la reine de Prusse et la jeune fille aussi.

La reine d'Angleterre plus que tout autre voulait cette union et ce projet fut la véritable cause de son voyage à Berlin. Le chancelier agita les dessus et les dessous de sa police pour que Sa Majesté Britannique fût mal reçue. Les journaux officieux annonçaient que l'on avait à Berlin les craintes les plus sérieuses. Il était question de sifflets, voire même de dynamite.

Un soir, en lisant sa *Gazette*, le chancelier avait dit : « Si elle n'y renonce pas, c'est qu'elle a les dents encore plus longues que je ne crois. »

Mais si la police de Berlin est bien faite, celle de Londres n'est pas mauvaise, et la vieille reine d'Angleterre resta inébranlable dans ses projets. Elle fut bien reçue et, qui mieux est, reçut très bien le chancelier.

M. de Bismarck développa ses plans de politique européenne, fit jouer le ressort russe. La reine d'Angleterre ne sortait pas de cette réponse : « Le czar écrira en temps opportun, une lettre à Frédéric III pour le féliciter des fiançailles qui se feront.» Tout à coup, la vieille reine changea de tactique :

Elle était de l'avis du chancelier, mais elle ne croyait pas qu'il fallût rompre. Selon elle un retard suffisait. Le chancelier connaît la valeur du temps et la reine Victoria partit de Berlin, en annonçant que le mariage était remis.

Les amis du chancelier crièrent victoire. Les amis de l'Impératrice ripostèrent que si la chose était renvoyée elle n'était pas remise aux calendes grecques. En attendant, le chancelier croyait avec terreur avoir dépassé le but. Il voulait bien que le mariage ne se fît pas, mais il ne voulait pas que le prince de Battenberg rompît la chaîne qui l'attachait au rivage. Tant que le jeune homme était attaché à la maison de Hohenzollern par la formidable chaîne qui s'appelle l'espérance, personne n'avait à craindre son action en Bulgarie. Mais voici que, par une lettre solennelle, le jeune prince déclara tout à coup renoncer à ses prétentions sur la princesse Victoria :

« Le cœur brisé mais l'âme libre, je reprends, disait-il en terminant, je reprends ma liberté d'action. »

C'était précisément ce que ne voulait pas le prince de Bismarck. Il était joué; et cela de deux façons.

Le prince de Battenberg devenait une menace, mais il ne renonçait qu'officiellement au projet qui avait été le rêve et le but de sa vie.

Voici où en sont les choses en juillet 1888.

Une rose laissée tous les matins au château de Potsdam par un mystérieux messager, un pétale de

cette rose emportée tous les soirs par le même
messager, telle est l'aventure qui trouble les nuits
— et les jours aussi — du prince de Bismarck.

Il faut ajouter que la rose vient du prince
Alexandre de Battenberg; que le pétale est envoyé
par la princesse Victoria, et que l'Impératrice
favorise le complot.

Le chancelier est joué : le projet de mariage
qu'il croyait avoir enterré est mort officiellement,
mais se porte assez bien secrètement.

Le grand faiseur de triples alliances se trouve
cette fois en présence d'une triple alliance, celle
des trois Victoria. La diplomatie de fer vient d'entrer
en lutte avec la diplomatie féminine, et le succès
pourrait bien ne pas être cette fois du côté du plus
fort.

Le chancelier connaît le jeu de la politique,
mais il ignore le jeu de l'amour, en homme qui
n'a jamais courtisé qu'une maîtresse : la gloire.

Il vient de s'apercevoir — le dernier — que le mariage Victoria-Battenberg n'est pas une « alliance »
mais un roman. Il est armé pour lutter avec des
hommes d'État, mais il se trouve fort mal équipé
pour se mettre en guerre contre des amoureux.

La femme de Frédéric III est Impératrice, certes,
et sait, lorsqu'il le faut, agir en souveraine. Mais
elle est mère aussi, bourgeoise par sa maternelle

affection — si l'affection est chose bourgeoise — et sa première combinaison politique consiste à sécher les larmes de sa fille.

La reine d'Angleterre a, de son côté, pour tous les Battenberg du monde, une bruyante tendresse. De plus, elle adore la princesse Victoria. Elle a écouté sans souffler mot les discours du chancelier. Elle a consenti à tous les retards exigés, elle a tout ratifié, tout approuvé d'avance... tant qu'elle a été en pays germanique.

Mais, rentrée en son royaume, elle a dirigé la conduite du prince Alexandre. Elle lui a inspiré une lettre très solennelle où le jeune prince déclare qu'il se retire « le cœur brisé, mais l'esprit libre ».

Et voici qu'elle a renoué en secret ce qui était rompu en public : à l'insu de tous, comme un criminel, comme un furtif amant, le prince Alexandre est venu à Charlottenbourg, le 6 mai, jurer à la princesse Victoria éternelle fidélité.

La lettre elle-même n'était qu'un vain jeu, un miroir trompeur auquel le chancelier s'est laissé prendre; il s'agissait simplement d'obtenir le consentement officiel du Czar.

Le plus curieux de l'affaire est que jamais Alxandre III ne s'y est opposé.

Il est, certes, de ceux qui ne pardonnent pas : le prince de Battenberg a été rebelle; jamais il ne revêtira l'uniforme russe, qui lui fut arraché par

l'impériale volonté. Mais le Czar est trop habile
politique pour ne pas préférer le loup muselé et
contrit au loup vagabond et affamé.

Le seul adversaire du projet de mariage serait le
chancelier : Alexandre de Battenberg, enfant, jeune
homme, puis homme fait, a toujours traité comme
simple manant le comte Herbert; il a insulté la
dynastie des Bismarck, et le chancelier se souvient..

Toujours est-il que le roman n'est pas fini. Il
traverse une période très romanesque — à la mode
de Germanie — et le dernier chapitre pourrait bien
être intitulé : « Hymen! hymen! »

Le prologue est vieux déjà : en 1878, sous les
grands arbres de Potsdam, du matin au soir, on
rencontrait un cavalier et une amazone; celui-là
avait vingt-un ans, celle-ci douze à peine. C'était le
maître et l'élève. Le jeune homme avait l'air grave,
un peu triste déjà, et son œil bleu, perdu dans le
vague, semblait suivre de longues chevauchées,
voir des combats et des luttes.

La jeune fille n'était pas encore jolie, elle le devenait : son sourire avait le charme qui attire, sa
taille, trop longue et trop mince, promettait d'être
gracieuse.

Un beau jour, l'enfant apprit que le jeune homme
devait quitter l'élégant uniforme des dragons hes-
sois, pour aller au loin faire métier de prince : le

colonel Alexandre de Battenberg devenait
Alexandre Ier, prince régnant de Bulgarie, par la
volonté du congrès de Berlin. La petite fille pleura,
et déclara qu'elle voulait suivre son grand ami
« chez les sauvages ».

« Il n'y a que la femme qui ait le droit de suivre
son mari, dit la princesse impériale.

— Eh bien! je serai la femme de mon *cousin*,
s'écria l'enfant. »

On rit, on oublia..... Le prince revint : il trouva
son élève devenue jeune fille, devenue belle aussi,
toujours souriante, mais très reine déjà. Elle savait
la géographie de Bulgarie mieux qu'homme du
monde. La *Skouptschina* n'avait pas de secret
pour elle. De rêve, le mariage devint projet, encou-
ragé par la reine d'Angleterre et la princesse impériale.

Nul doute que cet amour, grandi, fortifié, n'ait
joué un grand rôle dans la vie politique du jeune
prince. La fin de son règne, ou plutôt de sa lutte de
sept ans, n'est que le second chapitre du roman :
les inutiles abaissements devant la volonté du Czar,
les humbles dépêches en réponse aux sommations
du maître, l'abdication finale après le triomphe
d'une rentrée qui avait été la longue ovation d'un
peuple entier, une épée brisée quand tous les officiers offraient de serrer les rangs pour défendre le

prince, tout cela demeurerait inexplicable de la part d'un homme jeune, vaillant, ami des luttes et des combats... si le souverain n'avait pas été un amoureux.

Alexandre de Battenberg croyait, sans doute, que le bonheur vaut une couronne. Si ce soldat a quitté la Bulgarie, comme un valet quitte la maison où il a cessé de plaire au maître, c'est qu'il espérait un dédommagement, peut-être une revanche.

Il se disait que, mari d'une Hohenzollern, gendre d'un empereur, il pourrait reparaître un jour avec des chances de succès plus grandes. Il rêvait une rentrée triomphale dans Sofia, avec une princesse à ses côtés.

Lisez sa dernière proclamation, celle qu'il adressa à l'armée, et vous trouverez ces paroles prononcées entre deux sanglots : « *Peut-être un jour le Czar sera-t-il le premier à comprendre que je puis être ici un agent de paix, de calme et de bonheur.* »

Et voici qu'après toutes les humiliations souffertes, après tous les rêves de gloire arrachés, on veut prendre au prince de Battenberg son rêve d'amour. Comme il a perdu son peuple, il lui faudrait perdre sa fiancée. Cette fois, il se cabre et se défend.

Le roman, qui en est au chapitre des roses, ne peut avoir que deux épilogues : ou bien le prince

Alexandre deviendra un général allemand, heureux mari de la princesse Victoria... et il aura beaucoup d'enfants... Son rôle historique sera fini. Ou bien, l'épilogue sera sanglant. Dupé, trompé, le souverain cherchera une vengeance. Il mettra le feu aux quatre coins de la Bulgarie, et finira sa carrière dans une guerre européenne...

Ce qui prouve combien était juste le mot de ce grand Roi qui avait beaucoup été aimé, mais qui avait su ne pas aimer :

« Il faudrait que, dans la Constitution de tous les pays, il y eût un article condamnant aux petites maisons les princes amoureux. »

En résumé, au mois de mai tout le monde sait qu'il y a une crise de chancellerie. Tout le monde ignore comment elle finira, mais tout le monde comprend — excepté les intéressés — que la maison de Hohenzollern en sortira diminuée et amoindrie. L'Europe voit que les ordres de l'*Empereur allemand, roi de Prusse,* sont discutés comme ceux d'un simple souverain constitutionnel.

On peut répondre que cette discussion se produit en faveur d'un homme exceptionnel, non en faveur d'un Parlement. Objection vaine : le chancelier disparu, *personne* ne le remplacera; mais, quand l'esprit d'opposition est né dans un pays, il ne meurt plus, et des *personnes* se permettront ce que la personne du maître disparu aura tenté : Frédéric III lutte avec Bismarck. Guillaume II luttera avec la Chambre des seigneurs.

L'Empereur peut vivre quelques jours, quelques mois, — disons quelques années — toujours est-il que les luttes d'aujourd'hui habitueront le peuple allemand à la discussion des actes du souverain et à un libéralisme vague.

La réaction autoritaire du prince Guillaume n'en semblera que plus dure, et il ne faut pas se faire d'illusion : ce jeune homme populaire parmi les vieillards, parmi les généraux-adjudants et les colonels, ne l'est pas parmi les officiers de la nouvelle école... encore moins parmi le populaire.

Conclusion : la crise d'aujourd'hui peut être finie sans que l'ère des crises soit terminée. Nous venons d'assister à la préface d'un nouveau chapitre dans l'histoire rapide de la maison des Hohenzollern.

Cette opinion résume l'opinion de toute la presse européenne... même de celle qui vit à la solde de la chancellerie et qui ne peut pas dissimuler ses craintes pour l'avenir sombre.

En Russie, le *Vedomosti,* la *Novoie Vremia,* le *Grajdanine* s'égayent avec pitié des difficultés intérieures de l'Allemagne. Peu importe à ces journaux le mariage Battenberg, qui n'avance en rien les affaires de Sofia. Mais ils voient dans cette *aventure* une intrigue anglaise. Le *Journal de Pétersbourg* ne souffle mot : pour qui connaît les attaches de cette feuille, ce silence est d'or.

La presse autrichienne continue à s'agiter. Le *Nouveau Tagblatt* publie une soi-disant conversation d'un homme d'Etat : ce diplomate aurait affirmé qu'au sujet du mariage Battenberg le chancelier se serait, en 1887, lié envers le Czar.

La *Correspondance politique de Vienne* — organe du chancelier — explique que le chancelier avait le *devoir* d'intervenir dans la question d'un mariage qui intéressait plus la nation que la famille impériale. En Angleterre, autre cloche, autre note : l'influence du chancelier ne passe pas les mers. Le correspondant du *Standard* — lisez Mlle Mackensie, fille du docteur — déclare que cette crise servira les ennemis de l'Allemagne, et que l'homme qui en est l'auteur est fort coupable.

Le *Daily-News* croit, ou feint de croire à la démission du chancelier.

Quant à la conclusion du *Times,* elle sera la nôtre :

« Pour un pays rigoureusement monarchique, une manifestation de ce genre n'est pas édifiante. »

Cette manifestation prouve que le désordre et la

faiblesse règnent là où nous nous acharnons à voir l'ordre et la force.

Et, pour conclure par un mot de prince, rappelons celui-ci, qui est de l'archiduc Rodolph :

« Hohenzollern contre Bismarck, c'est la fin de Hohenzollern.

ARCHIDUC ET KRONPRINZ

[illegible]
[illegible]
[illegible]
[illegible]
[illegible]
[illegible]
[illegible]

ARCHIDUC ET KRONPRINZ

Le nom de l'héritier de la maison de Habsbourg,
et, avec ce nom, un mot frappé par le prince se
placent naturellement sous la plume.

En ces heures de crise et de lutte, les préoccupations intérieures viennent se joindre aux préoccupations extérieures. M. de Bismark veut bien être
en coquetterie réglée avec la Russie, mais il tient
à conserver intacte la triple alliance dont il est le
père. Or, en Autriche, il a pour ennemi, calme et
froid, le jeune prince héritier, et la valeur de l'archiduc Rodolph est telle, que M. de Bismarck, en un
jour de colère contre le prince Guillaume, disait :
« Si j'avais pour élève un Rodolph, j'en ferais un
Frédéric II plus grand que le premier. »

Au mois d'avril, en pleine crise de chancellerie

une nouvelle insignifiante comme fait, énorme par
ses conséquences, vient frapper l'oreille toujours
attentive du chancelier.

Sa Majesté Catholique l'Empereur d'Autriche a
interdit par décret les appaudissements sur le
chemin de son fils, qui entreprend à travers l'empire une mission toute militaire, non un voyage
princier. Et voici que les « hourras », étouffés par
la discipline, se transforment en « toasts » dans les
réunions privées.

A un banquet d'officiers, un lieutenant de hussards s'est levé :

« Buvons, messieurs, a-t-il dit, ce verre de beau
vin du Rhin à la santé de notre kronprinz Rodolph,
que Dieu tout-puissant fasse un jour empereur
d'Allemagne ! »

L'incident a été tenu secret et l'officier mis aux
arrêts de rigueur; mais il est douteux que cette pu-
nition lui nuise dans l'estime de l'archiduc.

Le petit lieutenant de hussards a-t-il été le prophète des événements de demain? Dieu seul le sait.
Mais il a traduit le rêve qui hante les nuits — et
aussi les jours — du fils de François-Joseph.

Curieuse et déjà grande figure que celle de l'archiduc Rodolph : un chevalier avec la fierté d'au-

trefois, un moderne avec la science d'aujourd'hui,
le voilà tout entier.

En lui se concilie l'inconciliable. Il se montre
bon élève du général de Gondrecourt — un antique — et excellent disciple du professeur Brehm
— presque un révolutionnaire.

Mélange singulier d'indépendance intérieure et
de formalisme extérieur, il inspire de la terreur à
son père, et ne l'aborde jamais sans lui baiser la
main.

Il fait métier d'homme de lettres, ce qui n'est pas
métier de prince; il a rompu des lances contre l'archiduc Jean dans un journal militaire. Il a écrit
deux volumes de voyages sur le *Cours du Danube*
et sur l'*Orient*. Il vit dans la société des journalistes
et des professeurs. Et pourtant, si on lui demandait
pourquoi il se commet en cette compagnie, il répon-
drait peut-être ce que répondit Joseph II, à qui un
vieil intime conseillait de rester dans la société de
ses pairs :

« Si je ne voulais voir que mes pairs, il me faudrait vivre dans le caveau des Habsbourg. »

Autoritaire de tempérament, libéral d'opinions,
l'archiduc Rodolph deviendra, peut-être, un nouveau Joseph II. Lorsqu'il sera sur le trône, imitera-
t-il son aïeul? On l'ignore; mais, archiduc-héritier,
il l'a choisi pour modèle. Qui l'eût vu, l'hiver dernier, causant, un soir, de Paris et de la vie pari-

sienne avec un Français, dans un concert public de Vienne, l'eût pris, tout au plus, pour un apprenti souverain constitutionnel, pour l'héritier de quelque monarchie bâtarde, sans trône et sans autel. Ce jour-là, le voyageur français fit connaissance avec le prince moderne... Le lendemain, à dix heures du soir, la poitrine bombée sous l'uniforme, l'héritier du trône assistait, debout sur une estrade, à l'ouverture du bal des Polonais.

Le prince C..., un grand seigneur, s'approche et, respectueux, salue jusqu'à terre, attendant un mot, un geste. L'archiduc, immobile comme une statue, l'œil fixé dans le vide, reste cinq minutes sans regarder le prince, toujours courbé en deux. Enfin, Son Altesse baisse les yeux et, très simplement, tend la main au malheureux Polonais, déjà rouge de honte.

L'archiduc, debout, ne rendant pas le salut, c'était l'archiduc *nature;* l'archiduc tendant la main, c'était l'archiduc *travaillé.*

Le prince Rodolph n'est pas beau; il le devient quand il parle, ou quand il commande.

A l'Exposition d'électricité, à Vienne, il prononça un discours où il sut être très moderne, et surtout très littéraire. Il traita cette question de science industrielle en savant, mais en prince aussi; et, lorsqu'il parlait *de la mer de lumière* que l'Autriche doit encore répandre sur la veieille Europe, il était facile de deviner qu'il ne songeait pas seulement aux feux de la lumière électrique.

Il faudrait avoir l'esprit bien myope pour croire que les alliances doubles ou triples, dont le chancelier d'Allemagne effraye l'Europe timide, soient des alliances sincères. Ce sont simples jeux de politique, qu'une force plus grande fera tomber comme châteaux espagnols. L'heure viendra — proche, peut-être — où les deux empereurs, d'Autriche et d'Allemagne, seront deux jeunes hommes.

L'un aura derrière lui un court passé, grandi et consacré par le triomphe; il gouvernera un empire naissant, viril dès sa naissance.

L'autre s'appuiera sur une tradition séculaire; mais il lui faudra, pour trouver des heures de gloire et de succès, remonter plusieurs siècles en arrière dans l'histoire de sa maison. Il est trop jeune pour avoir éprouvé des défaites, mais assez vieux pour avoir vu dans les yeux de son père des larmes du désespoir.

Ces deux futurs Empereurs sont nés pour se haïr : ils se haïssent en effet, et leurs sentiments ont éclaté dans ce bal, cette réception de la cour d'Autriche, où l'archiduc Rodolph s'en fut saluer un principicule détrôné avant de tendre la main à son confrère en empire. Peu de jours avant, l'archiduc causait avec le kronprinz d'Allemagne. Ce dernier d'un air dédaigneux disait :

« Faire des livres n'est point métier d'héritier impérial.

— Il n'y a qu'une chose qui soit indigne d'un héritier impérial; c'est d'aspirer au trône du vivant de son père, répondit Rodolph. »

Il y a des mots qui sont des soufflets; Guillaume II n'a pas oublié celui-là.

Le fils de François-Joseph est d'ailleurs trop Hasbourg pour savoir dissimuler; il l'a prouvé aux funérailles du vieil empereur Guillaume : au milieu des princes, tous vêtus d'uniformes allemands, il marchait portant son bel uniforme de général autrichien et la poitrine couverte de décorations nationales. A la sortie du Dôme, pendant que le cercueil de velours rouge était placé sur le char noir et argent, ses yeux rencontrèrent, tout à coup, ceux du kronprinz d'Allemagne; et Rodolph de Habsbourg, qui se tenait courbé, rêveur, se redressa portant la main au grand sabre de cavalerie dont il ne cessa, pendant le reste de la cérémonie, de battre le sol, scandant la marche funèbre. Il avançait ainsi et, peu à peu, sorti du rang qu'il occupait, il se trouva seul en avant, comme s'il eût mené ce cortège de souverains.

Involontairement, l'œil du spectateur alla du kronprinz Guillaume au kronprinz Rodolph; et la comparaison n'était pas à l'avantage du jeune Prince, qui cache son bras immobile sous le dolman du uhlan prussien.

Le prince Guillaume passe pour n'avoir aucun culte... pas même le culte de la famille. L'archiduc Rodolph, lui, est catholique, sans peur, sans fausse honte. Il l'est, surtout, à la cour de Berlin, où on ne l'est pas : un mardi gras, il assistait au bal du palais de Charlottenburg. Jusqu'à minuit, il dansa avec un bel entrain, ne manquant pas une valse, pas une mazurka. Minuit sonné, il se plaça dans une embrasure de fenêtre, et se tint ostensiblement à l'écart; le mercredi saint venait de commencer; ce qui prouve que, malgré les *on dit*, le pasteur Brehm n'a pas converti son élève aux vagues religions de ce siècle sans religion.

Un jour, le prince de Galles disait en riant : « L'archiduc Rodolph est *très allemand.* » Il avait raison. Mais il faut ajouter : « *et très antiprussien.* »

Nous sommes habitués, en France, à ne pas connaître ou à mal connaître les choses d'Autriche. Toute grandeur, toute force vient, selon nous, du côté de Berlin. Nous jugeons l'avenir par un récent passé : la série de défaites qu'a subies l'empire austro-hongrois, nous porte à croire qu'il ne se relèvera plus. Nous oublions que, si le plus vaillant soldat, vaincu, se démoralise, perd courage et renonce à la lutte, le fils de ce soldat hérite des souvenirs, des haines paternelles, mais qu'il remplace la lassitude par le sentiment de la revanche.

Cette génération jeune, vibrante, vaillante, a mis tout son espoir dans un prince, l'archiduc Rodolph. Elle a déposé en faveur de ce jeune homme les craintes et les désespérances de la veille. Enfant, les enfants l'applaudissaient déjà, lorsque sur la terrasse du château il jouait à la balle en grand uniforme de colonel d'infanterie, — colonel de dix ans, — avec un autre colonel, — son collègue de cinquante ans. Aujourd'hui, lorsqu'il va faire son métier de vrai soldat, le peuple se place sur son passage et applaudit encore. C'est que la nation autrichienne — et la nation hongroise plus encore — ont besoin d'aimer leur souverain et de pousser des vivats sur sa route.

Depuis longtemps, François-Joseph l'a privée de ce plaisir. Lui aussi, il aimait autrefois les longues chevauchées, les grands coups d'épée, la gloire des armes, le triomphe de la paix. La guerre a trahi son courage; réduit à l'inaction, quand il aimait à agir, il s'est enfermé dans son rôle de dernier roi-gentilhomme. Il ne montre ce qu'il est que dans de rares circonstances, comme le jour, par exemple, à la veille des campagnes de 1866, où il fit appeler les officiers français engagés dans son armée :

« Messieurs, leur dit-il, vous pouvez vous trouver
« pris entre deux devoirs pendant une lutte dont
« nous ignorons l'issue : je vous donne un congé
« pour la durée de la campagne. »

Les sujets de l'empire savent cela et respectent François-Joseph. Mais ils aiment son fils.

L'archiduc Rodolph rend cette affection à son futur peuple, et il se montre digne de la popularité qui le suit.

Il a une grande force, dont les princes sont, d'ordinaire, privée, il possède deux amis qui sont dévoués, mais sincères aussi : Arthur Potocki, le demi-dieu de Cracovie, le frère de l'aimable secrétaire d'ambassade que tout Paris connaît, et le comte Jean Wilszeck, grand seigneur bohême, Mécène intelligent et fin. Avec les deux compagnons qu'il a su choisir, l'héritier de la Couronne voyage, travaille et cause.

Il est superbe, avec eux, en ses accès de colère contre les inutiles. Un de ses cousins lui parlait un jour, avec enthousiasme, d'un bal; le prince Rodolph lui tourna le dos, en disant :

— Vous feriez mieux de chercher et de trouver le sérieux dans la vie!

Ce mot peint l'homme.

Il est utopiste, dit-on. Maladie de jeunesse, qui lui passera tôt et qui l'honore, en un temps où l'on naît pessimiste. Il a la haine de la police, qu'il croit inutile, et le culte de l'armée qu'il aime en bon soldat. Tout récemment, on parlait, devant lui, d'un bruyant général français, chez la princesse de B..., à Berlin, dans un de ces salons en demi-deuil où l'on causait, derrière les volets clos, même le jour des obsèques impériales. Seul peut-être le prince Rodolph défendait le général.

— Votre Altesse est boulangiste! s'écria la maîtresse de maison.

— Non, répondit gravement le prince de Habsbourg. Mais tous les soldats de tous les pays sont frères, et je ne verrai jamais un général traqué, condamné, sur de simples rapports de basse police, sans prendre la défense de ce général.

Toutes les choses de France intéressent le jeune prince, mais les choses d'Allemagne plus encôre.

C'est avec anxiété qu'il doit suivre aujourd'hui les événements qui se précipitent à Berlin. Le jour où, en sortant de la cathédrale de Vienne, où il sera couronné dans une cérémonie belle de simplicité, il montera, selon l'usage, sur son cheval de bataille, il traversera les rangs de l'armée au triple galop et gravira le monticule fait avec des charretées de terre, apportées de chaque province. Là, sur son cheval dressé, il se tournera vers les quatre points cardinaux et prononcera la phrase consacrée : « Par « Dieu et par mes ancêtres, je jure de défendre ce « pays comme un maître, et de le gouverner comme « un père. » Ce jour-là encore, plus d'un lieutenant autrichien ou hongrois criera *intérieurement :* « Vive Rodolph, futur empereur d'Allemagne! »

NONCE A VIENNE

AGENT DE BERLIN

NONCE A VIENNE

AGENT DE BERLIN

L'Empire d'Autriche même vaincu, même humilié et abaissé, reste grand encore de toute la grandeur de la maison de Habsbourg, de toute la grandeur de sa foi catholique.

La figure de François-Joseph se détache sur le fond boueux de l'histoire contemporaine comme la figure du dernier gentilhomme très chrétien, une figure de preux vaincu.

Cette indiscutable, cette inaliénable grandeur agite le chancelier d'Allemagne plus qu'on ne saurait croire, surtout lorsqu'il voit mûrir ce fort esprit qui est l'archiduc Rodolph.

En habile politique, le prince de Bismarck a voulu blesser l'empire très catholique par le côté catholique. Il a un agent à Vienne et cet agent est un prélat : Monseigneur Galimberti, nonce du Saint-Père.

La prélature romaine renferme des âmes blanches et des âmes noires, des saints et des ambitieux. Monseigneur Galimberti est le plus glorieux échantillon de la seconde catégorie.

Le masque de Vitellius, la lèvre inférieure épaisse et pendante, les narines très dilatées, avec des frémissements continuels, les joues molles et pâles, par moment plaquées de rouge, la carrure, les mains et les attaches d'un paysan des montagnes, un *mâle*, mais un mâle vicieux, voilà Monseigneur Galimberti.

Ces traits taillés à coups de hache seraient répugnants, s'ils n'étaient éclairés, illuminés par deux yeux, deux perles noires du plus bel orient, qui effrayent et attirent à la fois. Monseigneur Galimberti parle et, tandis que sa voix lente et lourde égraine des arguments, l'œil de l'auditeur essaye de lire dans le regard du prélat. Ces yeux ! quels services n'ont-ils pas rendu à Monseigneur Galimberti ! Ils ont fait passer pour un homme fin et profond ce roué vulgaire. Ils ont fait prendre cet aventurier pour un diplomate, ils lui ont créé des amitiés pontificales et féminines, car Monseigneur Galimberti est de ceux qui ont deux cordes à leur arc ; il est arrivé par les sacristies, mais aussi par les alcôves.

Il aime les humiliations par droit de naissance, il aime les sentiers par peur des grandes routes, les bourbiers par peur de l'eau claire, les caves et les couloirs par peur du soleil.

Au service d'une intelligence très moyenne, il a mis un travail acharné qui lui a donné non pas la science, mais cette érudition de seconde main nécessaire aux chercheurs d'aventures, Pie IX n'était pas son Pape. Longtemps il a travaillé, se préparant aux intrigues politiques par des intrigues mondaines.

Il avait appris l'art de l'ingratitude extrême à Bologne dans la famille Brabiski, au milieu de laquelle il avait été comblé de bienfaits. Arrivé dans Rome, il cherche une femme qui puisse lui donner le vivre, le couvert, les relations : il trouve la marquise S... dont le salon sert d'antichambre au Quirinal. Il pousse au suicide le fils de la maison et cette mort menace d'arrêter sa carrière. Une première fois la coterie italienne le sauve. Pourtant, c'est avec une réputation bien endommagée que l'abbé Galimberti arrive dans l'intimité de Léon XIII. Ce chevalier dont la rapière est une plume, cet aventurier de grands salons sait duper Léon XIII.

Une idée géniale naît dans le cerveau de Monseigneur Galimberti. Il a vu le point *vulnérable* de Léon XIII : *l'amour-propre;* peut-être au Vatican il connaît cette force qui s'appelle *la presse*; il s'en sert. 180.000 francs sont dépensés tous les ans pour répandre l'éloge du Pontife, et, pendant six ans, l'abbé Galimberti sait mettre tous les jours une flatterie imprimée sous les yeux de son maître.

De 1882 à 1885, il dirige même le *Moniteur de Rome* et ne quitte cette feuille que pour prendre le secrétariat des affaires ecclésiastiques.

Jusque-là Monseigneur Galimberti a prouvé qu'il est habile pour le bien de sa propre fortune. Il a fait preuve d'ambition, l'heure est venue où il faudra faire preuve de mérite. Il s'agit de s'élever au-dessus de ses propres intérêts, même pour servir ses intérêts.

Monseigneur Galimberti fait un rêve : il a le mépris des vaincus, l'admiration des vainqueurs ; il hait la France, il hait l'Autriche; l'Allemagne l'éblouit.

Il entreprend alors, à la solde du chancelier, non pas la pacification religieuse de l'Empire, mais la germanisation du Vatican.

Il est bien possible qu'au début Monseigneur Galimberti, avec cette confiance en soi-même qui est le propre de toutes les médiocrités, ait rêvé une lutte homérique avec le chancelier, une victoire peut-être. Mais il a bientôt compris le peu que pèse l'esprit d'intrigue sans expérience en face de la toute-puissance du maître de l'Empire. Il a renoncé à son projet et devient le valet de celui dont il aurait voulu être le rival.

Envoyé, en 1887, à la cour d'Allemagne, il y trouve une femme que l'Eglise catholique, que la religion la plus pure et la plus austère attire doucement. Monseigneur Galimberti comprend qu'il peut se servir de l'Impératrice Augusta, et, depuis lors, il travaille à la conversion de celle qui fut la compagne effacée du viel Empereur Guillaume.

Monseigneur Galimberti faisant des conversions! C'est un de ces spectacles grotesques qui font vaguement songer aux héros d'une révolution, pontifiant une religion.

Monseigneur Galimberti, nonce à Vienne, c'est une insulte du chancelier de Bismarck à la maison de Habsbourg. D'ailleurs il n'est pas plus aimé à Berlin qu'à Vienne. S. M. Victoria disait de lui : « Je connais deux prélats catholiques : Monseigneur Maning et Monseigneur Galimberti; l'un est un saint, l'autre un laquais. »

Enfin Bismarck après une audience de flatteries mutuelles, resté seul, éclate de rire et dit en parlant de Galimberti :

« Quel renard stupide! »

S. S. Léon XIII se doit à Elle-même et doit à l'Eglise de rappeler cette sentinelle avancée de l'Allemagne.

LA FIN D'UN RÊVE

LA FIN D'UN RÊVE

La France avait tout espéré de l'empereur Frédéric, et l'empereur Frédéric n'a accompli qu'un seul acte de politique étrangère. Il a signé le décret que, pendant six ans, Guillaume Ier avait refusé de signer.

On avait accusé le Kronprinz Fritz de vouloir donner à l'Alsace et à la Lorraine de trop grandes libertés, l'Empereur a répondu à ces accusations en plaçant les deux provinces françaises sous le régime de la terreur.

Par une loi d'exception que rien dans l'attitude des Alsaciens-Lorrains n'avait justifié, un décret a séparé, non seulement de la France, mais du reste du monde, les deux provinces vaincues dont le seul crime était de garder un pieux souvenir à la mère-patrie.

Quelques étrangers traversant un coin d'empire
pour aller en Suisse, en Autriche ou plus loin;
quelques douzaines de Français se rendant en Allemagne pour leurs affaires; quelques centaines d'Alsaciens-Lorrains passant et repassant la frontière,
voilà ce qui a suffi, paraît-il, le 30 mai 1888, pour
mettre en danger la formidable Allemagne!

On ne passe plus à Pagny, on ne traverse plus
Avricourt sans montrer des passeports tout frais
signés de l'ambassade.

Comme j'avais vu de près le drame de San-Remo,
j'ai voulu voir le drame d'Alsace-Lorraine et, le
5 juin, j'ai adressé à S. M. Victoria par la voie du
Gaulois la requête que voici, requête qui est un
rapport rapide, mais sincère.

« *A Sa Majesté Victoria, impératrice allemande,*
reine de Prusse.

« De la frontière française, 5 juin 1888.

« Six envoyés de la chancellerie allemande par-
courent, en ce moment, la frontière d'Alsace-Lorraine. Ils regardent, ils interrogent, ils prennent
des notes. Ils ont pour mission de faire un rapport
à S. M. l'Empereur. Il s'agit de prouver que le mur
de formalités élevé entre les Alsaciens-Lorrains et
les Français est une œuvre utile pour la germanisation de cette province.

« Les conclusions de ce rapport seront favorables, parce qu'elles ont été faites à Berlin, avant le départ des envoyés.

« Un Français ne peut ni ne doit adresser un rapport à l'empereur d'Allemagne ; mais après avoir suivi, lui aussi, la frontière dans sa longueur, d'Avricourt à Longwy, il a le droit de dédier ces quelques notes à la Princesse qui, cet hiver, à San Remo, disait un jour chez Mme Cormont :

« Il serait nécessaire de donner aux Alsaciens-
« Lorrains le calme et la paix intérieure ; ces braves
« gens m'intéressent. »

« Ces sentiments étaient alors ceux du Prince héritier. Il paraît qu'ils ne sont plus les sentiments de l'Empereur.

« Le pouvoir et l'influence du chancelier changent les hommes. Mais il semble que Votre Majesté n'ait pas oublié son mot de pitié pour les vaincus. Il paraît qu'Elle a retardé pendant deux mois la mesure prise aujourd'hui en Alsace-Lorraine.

« Donc, plaise à Votre Majesté de lire ces notes prises par un Français.

« Le but du gouvernement allemand se détache aujourd'hui net et clair avec la franchise brutale d'une épée tirée. La « question des passeports » n'existe presque plus. Elle n'était qu'un prétexte, qu'une enveloppe. Il s'agit simplement d'empêcher les Alsaciens-Lorrains de pénétrer en France. On ne peut pas le leur interdire. On leur interdit de rentrer chez eux lorsqu'ils en sont sortis.

« La chancellerie s'était leurrée de l'espoir que le gouvernement français commettrait la sottise suprême de prendre une mesure parallèle et de fermer la France aux Allemands. Mais on a compris, chez nous, que ce serait fermer la France aux Alsaciens-Lorrains. Notre frontière reste et restera libre, ouverte au passage des douaniers allemands qui viennent se promener sous le nez des douaniers français, pour rester aussi ouverte aux compatriotes vaincus, qui veulent venir respirer l'air de France.

« Il y a deux ans, j'avais suivi la frontière comme je la suis aujourd'hui. J'avais remarqué avec tristesse que lentement, mais sûrement, la germanisation se faisait. Le paysan toujours tracassé, toujours persécuté, restait farouche et indomptable, répondant à vos agents : « Je ne parle pas allemand », alors même que parfois il ne savait parler que l'allemand. Mais dans les villes, où la liberté était devenue plus grande, le courage avait faibli, les têtes s'étaient baissées, on avait accepté le travail offert par le vainqueur. En quarante-huit heures l'œuvre de quinze ans a été détruite. La haine de l'Allemagne est certes une plante naturelle sur la terre de Lorraine. Mais, en voulant l'étouffer par la force, vous la cultivez. Les réfractaires au service militaire seront plus nombreux d'un tiers cette année que l'an passé. Vendredi dernier, un enfant de vingt ans s'est suicidé pour échapper au recrutement prussien.

« Hier matin, j'ai vu, à Avricourt, une femme de quatre-vingts ans ne pouvoir entrer dans le village allemand où sa fille se mourait.

« La vieille s'est jetée à genoux aux pieds du douanier. Là, sur la route, à quelques mètres, était la maison de la malade, de la mourante peut-être. L'agent a été inflexible : c'était son devoir; il a été brutal : ce n'était pas son droit; et, pendant que le soldat prussien relevait avec la crosse de son fusil la paysanne assise sur les pierres de la route, je voyais le gendarme français qui, vingt pas plus loin, regardait ce spectacle en serrant dans sa main la poignée de son sabre.

« N'est-il pas à craindre qu'un jour la colère ne monte au cœur de ce soldat ou d'un paysan, et que, sur la frontière, dans un moment de folie excusable, un Alsacien-Lorrain ne réponde par la force à la brutalité de vos agents?

« Plus loin, sur la route de Vic, j'ai vu toute une famille française qui voulait entrer en pays allemand, pour assister aux funérailles du vieux père, mort gardien de sa maison déserte. Cette famille n'a pu passer. Il fallait des papiers.

« Et, pendant ce temps, l'autorité déclarait l'inhumation du vieillard nécessaire. Tout le village a suivi le cortège, où les fils seuls manquaient !

« J'ai vu en Allemagne, en Prusse, en Hanovre, les gendarmes polis, courtois, s'efforcer de rendre service à l'étranger, surtout au Français. Pourquoi sur la frontière réprésentent-ils la brutalité légendaire ? Est-ce pour rappeler sans cesse au paysan le soldat de 70 ?

« Et la brutalité du commissaire de police qui veille a parfois des éclats de rire qui mettent la rage au cœur. Ce matin, à Novéant, une femme ramenait un petit enfant chez sa nourrice. On fait payer les droits de douane pour les hardes neuves du bébé. On fait prendre le billet de chemin de fer à la paysanne pour Kirn... puis on lui déclare qu'elle ne peut passer. La malheureuse se lamente et demande au moins le remboursement des droits et du billet. Inconnue dans le village, elle reste avec vingt-deux sous. C'est alors que votre commissaire ou son agent — je ne sais plus — se met à rire et refuse. Il a fallu qu'un Anglais, repoussé faute de passeport, s'avançât et tendît une pièce d'or à la paysanne. Je ne sais pas si l'insulaire avait de la sympathie pour la France avant-hier, mais je sais bien que, depuis ce matin, il peste contre l'Allemagne.

« J'ai vu Metz aussi.

« Le train — un lent express à la mode d'Allemagne — suit le cours de la Moselle et au-délà de l'Ars, traverse la plaine dans laquelle s'élève ce qui fut la ville de Metz, ce qui est aujourd'hui la citadelle de Metz. Je ne songe pas à regarder cette ceinture de bastions, ces dix-huits forts, communiquant avec trois lunettes, sous le feu desquels nous passons. Peu importe pour le moment cette cruelle ceinture, derrière laquelle peut se mouvoir une armée de trois cent mille hommes, protégée par un arsenal immense et par une citadelle imprenable (toutes les citadelles sont réputées imprenables, jusqu 'au jour où un vaillant les prend).

« En passant devant la caserne de l'*Empereur Guillaume*, puis devant la statue toujours droite, toujours armée, du maréchal Ney, ce que je cherche à deviner, c'est l'impression actuelle, l'impression dernière des Messins. Je m'imagine déjà leur colère et leur rage. Je me les représente, comme leur frère de la frontière, indignés, furieux... et je me trompe.

« J'ai causé pendant des heures, le long des quais, avec les mariniers. Je les ai vus d'abord méfiants, hésitants. Je leur ai inspiré confiance, et ils m'ont répondu en riant presque, en riant du rire de la victime :

« Nous, nous sommes immuables dans nos sen-
« timents. Nous ne haïssons pas plus les Alle-
« mands aujourd'hui qu'hier. Depuis dix-huit ans
« nous souffrons sans une plainte. Nous refusons
« les faveurs, nous laissons passer les orages. Un
« peu plus, un peu moins, qu'importe! Quand on
« s'attend à tout, on n'est jamais surpris. Nous
« succombons sous les impôts ; nos enfants sont
« battus d'ironies et de coups dans les écoles. Aux
« vexations passées, on ajoute une vexation nou-
« velle : nous comptons les coups et nous atten-
« dons ; nous espérons !

« En des termes variés, avec des larmes dans la
voix, des crispations dans les poings, voilà ce que
m'ont dit les Messins... ouvriers, mariniers ou
commerçants.

« Mais le hasard m'a mis en relation avec des
Allemands émigrés. J'ai causé avec un industriel
prussien, avec un officier, avec un haut fonctionnaire, et c'est là, c'est au milieu des Prussiens
ignorant ma nationalité, que j'ai entendu de for-
midables imprécations contre le gouvernement et
contre la mesure qu'il vient de prendre. Il faut le
constater : le respect, ou la passivité, comme vous
voudrez, s'en va du caractère allemand. Un fonctionnaire disgracié, il y a un mois, en est la preuve
vivante : Je veux parler de M. Sittel, le directeur

du cercle Provincial, qui a critiqué les mesures prises par le gouvernement avec une liberté... plus que libre. Depuis lors, une nouvelle victime est tombée : le président du département, après huit mois de séjour ici, a fait valoir ses droits à la retraite, et il quitte l'Allemagne.

« Il est si peu en faveur que, depuis hier, il a dû quitter le palais officiel avec sa famille pour un appartement à l'hôtel. Il ne faudrait pas croire que ces fonctionnaires aient été coupables de tendances françaises. Non certes : ils sont venus avec la haine et repartent avec la rage au cœur. Mais chacun voulait gouverner à sa guise. Chacun avait sa petite recette, et il a fallu que le chancelier brisât tout cela. Je m'aperçois ici que la désorganisation complète, l'anarchie de l'élément officiel ont dû être pour beaucoup dans les mesures prises.

« En attendant, ces mesures mettent en fureur les Allemands, qui tiennent ce raisonnement :

« Nous avons quitté notre pays pour venir ici
« vivre entourés de haines et de mépris, mais avec
« l'espoir de gagner notre vie largement, et voici
« que notre gouvernement nous ferme le commerce.
« Les étrangers, les passants nous assuraient
« l'existence. On les éloigne, on les effraye, et l'on
« rend ici notre situation tous les jours plus diffi-
« cile, au point de vue des relations locales. Voilà

« comment le gouvernement tient les belles pro-
« messes par lesquelles il nous a attirés ici. »

« Tel est le refrain que j'ai entendu chanter ce
soir par une dizaine de négociants. Une heure
après, je dînai, à la table d'hôte d'un restaurant, au
milieu d'un groupe d'officiers. Ces messieurs ne se
gênaient guère, en famille, pour blâmer la chancellerie.

« Un major — vrai major de table d'hôte — déclarait que le gouvernement perdait la tête, que les
mesures prises ne pouvaient servir à rien, qu'elles
ne pouvaient même pas durer. Un jeune officier
d'état-major, un capitaine d'artillerie, répondait
avec calme : « Cela a été fait en dehors de l'Empereur. »

« En résumé, ici j'ai trouvé la population indi-
gène indifférente, la population allemande furieuse.
La ville est remplie d'agents venus de Berlin. Je
me suis promené sur les remparts avec un Français pendant une heure. Pendant une heure aussi,
j'ai été suivi par un petit homme maigre, sec,
blond, qui cherchait à se cacher, mais aussi à entendre notre conversation.

« J'ai fini par signaler sa présence à mon compagnon, qui a levé les épaules, me disant :

« — Nous y sommes habitués ; c'est toujours
comme cela !

« — Si l'Impératrice venait ici, lui ai-je demandé, qu'arriverait-il?

« — Il arriverait qu'elle serait applaudie par les Alsaciens-Lorrains, qui, malgré tout, croient encore à la bienveillance de Leurs Majestés. Mais il arriverait sûrement qu'elle serait *sifflée* par les Allemands !

« Si Metz laisse l'impression d'une ville déserte, où la vie française suspendue serait remplacée par la vie automatique de mannequins sanglés dans de corrects uniformes, Strasbourg produit un tout autre effet.

« Ici, tout vit et se meut. L'esprit français s'affirme timide d'ordinaire, presque hardi en ce moment. Toute la ville est aujourd'hui préoccupée d'une question : Quel sera le sort des deux cents Alsaciens qu'un train de plaisir a conduits à Paris? Ils doivent rentrer ce soir, et n'ont ni passeport ni papiers ? Vont-ils être repoussés en bloc ? Ou bien l'autorité va-t-elle prendre des mesures pour éviter d'en venir à cette extrémité? Je vais me rendre à la frontière et, ce soir, je répondrai moi-même à ma question par le télégraphe.

« On est fort indigné ici du mensonge officiel au moyen duquel le gouvernement a conservé le passage de l'*Orient-Express* par l'Alsace-Lorraine. Il avait été convenu que *tous* les voyageurs allant au-delà de Munich seraient dispensés du passeport,

et voici que l'on veut ajouter maintenant une épi-
thète : « tous les voyageurs *étrangers,* » dit le décret. — C'est dire que les Français seraient exclus
de la faveur.

« Le gouvernement provincial est fort embarrassé pour l'exécution des mesures par le gouvernement central. On a peur que la réprobation ne
prenne l'aspect d'une protestation européenne.
Comme on vient de le voir, les étrangers commencent à être épargnés. Mais, s'ils ne sont pas victimes des brutales formalités de la police, ils assis-
tent au supplice des victimes et emportent une
triste impression.

« Ce qui préoccupe surtout l'administration prussienne, c'est de n'avoir aucun prétexte à fournir
pour la justification des cruelles innovations du
1er juin. On cherche à créer ce qui n'existe pas. On
espère une révolte, un mouvement d'indignation,
la matière d'un incident, le rien qui permette de
serrer les menottes.

« Mais la population ne tombe pas dans le piège.
Je vous ai déjà dit combien elle est superbe d'indifférence. La direction de Strasbourg, dépitée de
ce côté, a cherché et trouvé une combinaison bien
simple : *on prépare, dans les bureaux, le roman
complet d'un complot que les mesures rigou-
reuses prises à temps auraient étouffé dans son*

germe. Cela fera peut-être quelque effet à distance
— l'effet des bâtons flottants. Mais, pour qui connaît l'Alsace-Lorraine, le fil blanc de la finesse se
montrera vite.

« Les Strasbourgeois sont gens trop timides,
trop effarouchés, lorsqu'on ne les pousse pas à
bout, pour comploter quoi que ce soit. Depuis dix-
huit ans, ils attendent, souffrent et ne se plaignent
même pas. Ils n'ont pas commencé une lutte sans
espoir à l'heure même où ils espéraient quelques
adoucissements partiels.

« En attendant, on travaille ferme à la direction :
le roman va paraître ! Demandez le complot de
Strasbourg ! — Je tiens ces renseignements de la
source la plus autorisée, et l'illustre étranger qui
me les donnait ce matin concluait son récit par ce
mot :

« — Je ne comprends pas ces barbares qui n'ont
pas le courage de leur barbarie.

« Les fonctionnaires intelligents comprennent
parfaitement le ridicule de leur situation : M. de
Solms-Laubach, directeur de l'arrondissement de
Strasbourg-campagne, a si bien vu les difficultés
que, imitant la conduite ordinaire de son illustre
maître le chancelier, il a été pris d'une subite maladie politique et s'en est allé ce matin attendre la
fin de la crise sous les ombrages de Kissingen. De
son côté, le gouverneur a envoyé hier un rapport

secret de soixante pages et un rapport public de vingt feuillets. Les conclusions du rapport public, destinées à l'Empereur, sont optimistes ; tout est pour le mieux dans la plus heureuse des provinces. Mais il n'en est pas de même du rapport secret, qui est adressé au chancelier. Le gouverneur se montre très effrayé et déclare que la situation menace *de n'être plus supportable.*

« Quel sera le résultat suprême de cette campagne ? L'affaissement de l'Alsace-Lorraine ? Non. C'est mal connaître le paysan que de croire qu'il se couche sous le fouet. Au contraire, il se réveille. Aujourd'hui, la province française est une plaie contuse attachée aux flancs de l'Allemagne. Demain, ce sera une plaie vive. A donner au vaincu des coups d'épingle, il n'y a ni profit ni gloire. Il vaut mieux encore lui donner des coups de sabre.

« Pour conclure... Votre Majesté, avec un courage royal, a bravé les fatigues d'un rapide voyage en allant visiter des inondés, en allant leur porter des secours. Qu'aujourd'hui, Elle vienne en Alsace-Lorraine, qu'Elle voie par elle-même le cruel état où en est réduite cette malheureuse province. Elle sera prise de pitié et Elle peut demeurer assurée qu'un accueil respectueux lui sera fait. L'Alsace et la Lorraine sont terres trop françaises pour qu'une femme y soit jamais mal reçue. »

Cette lettre respectueuse eût pour résultat l'interdiction en Alsace-Lorraine du journal qui l'avait publiée.

Dans certains pays toutes les vérités ne sont pas bonnes à dire. Dans d'autres régions aucune vérité n'est bonne à dire : L'Allemagne appartient à la seconde catégorie.

Le gouvernement, lorsqu'il joue au petit garçon taquin, n'aime pas qu'on le regarde faire, il a honte de lui-même.

Depuis la mort de Frédéric III la situation n'a fait qu'empirer. Dans quelques mois, dans quelques jours peut-être elle s'aggravera encore. Il n'en reste pas moins vrai que c'est sous le gouvernement d'un prince libéral que la mesure la plus anti-libérale a été prise : ce qui prouve que la faiblesse mène tout droit les princes au despotisme.

En attendant mieux, les douaniers allemands repoussent sur les grands chemins les vieilles femmes à coups de crosse de fusil. Ils viennent demander des fleurs de France pour en parer le drapeau blanc et noir de l'empire.

A Strasbourg, à Metz, les derniers écriteaux français — ceux qui étaient peints sur les murs — sont enlevés par ordre impérial. Hier, dans un grand hôtel, on a dressé procès-verbal parce que le menu était écrit en français. Un soldat donne un soufflet à un petit garçon de sept ans qui, en

13.

allant à l'école, parle français avec un camarade.

Le grotesque et le ridicule se marient à l'arbitraire : un *doctor* trouve spirituel de ne pas payer sa note parce que l'addition n'est pas écrite en marks. Ce n'est plus la guerre aux hommes que l'on fait, c'est la guerre aux choses.

Et plus on efface avec rage tout ce qui dit le nom de France sur les murailles, plus on grave profondément le nom de France dans le cœur des hommes. Ce que les yeux ne voient plus, l'esprit le voit et l'imagination le grandit. Les Alsaciens-Lorrains, gens calmes et lents, se recueillent, tristes. Mais il est à craindre qu'une heure ne sonne où les endormis se réveilleront, où le père rendra le soufflet donné à l'enfant, où le fils rendra le coup de crosse donné à la mère. Ce jour-là les Allemands crieront au scandale. Ils appelleront l'Europe à constater le délit. Mais le gouvernement français a pris ses précautions.

Il enregistre un à un les faits signalés, et le jour où, dans un moment de colère, un Français s'oubliera, nous pourrons répondre à nos voisins : « C'est vous qui avez commencé. » Comme ni à droite ni à gauche de la frontière, on ne veut la guerre, comme les Allemands veulent l'état de siège en temps de paix, rien de plus, les choses resteront sans doute là, jusqu'au moment où les petits incidents réunis en gerbe feront le grand accident final.

Je connais un Français, qui était allé souvent à Berlin, à Leipzig, à Hambourg, à Cologne, et qui avait rapporté d'Allemagne le respect et l'estime pour l'Allemagne. Ce Français est allé avec ses illusions en Alsace-Lorraine. Il a vu les souffrances de ces hommes doux et paisibles; il est revenu avec le *chauvinisme* au fond du cœur.

LA FIN DU MARTYRE

LA FIN DU MARTYRE

La mort de Frédéric III.

Dès que le soleil s'était montré — un soleil timide,
un soleil chargé de pluie — Frédéric III avait
quitté Charlottenburg pour Potsdam. Toute la
famille impériale était partie du vieux palais que
les Berlinois malins avaient baptisé « l'hôpital
royal » ; amusant et peu grandiose spectacle qu'un
déplacement de la maison de Hohenzollern.

La maigre berline qui conduit la famille à la gare
ressemble plus à une voiture de louage qu'à un
impérial carrosse. Les bagages sont ficelés comme
des paquets de paysanne normande en déplacement. Les malles sont recouvertes de cette peau
de truie à longues soies qui semble ridicule à des
notaires de village. Des numéros énormes à l'encre
rouge sont peints sur chaque colis.

Ne croyez pas que ce soient les toilettes de Sa

Majesté ou de ses filles qui forment cette longue suite de bagages. Non; c'est tout simplement le linge de table et de chambre! La maison de Hohenzollern, comme celles des petits princes féodaux d'antan, est obligée de traîner à sa remorque le gros mobilier. Il n'y a pas d'installation complète à Potsdam, — ce simili-Versailles.

C'est un coin de France, pourtant, que ce château ou plutôt cette suite de châteaux bâtis par Frédéric II. Cela ressemble à Versailles comme une Bastille de carton ressemble à la Bastille.

Les murs sont du plus pur rococo. Les laques et les ors, les coquilles et les rinceaux, ont des prétentions françaises avec une lourde réalité germanique.

Potsdam compte trois palais, sans parler des *Ruinenberg*, des *tours porcelaine* des *temples* et autres accessoires dont les parcs sont semés.

Au bout de la ville, voici d'abord la *Residenz* avec les appartements de Frédéric, le cabinet des confidences, salle à manger machinée comme un second plan de décors; puis le cabinet de travail.

C'est là que vécut Frédéric II jusqu'au jour où il eut fait construire *Sans-Souci* et le *Nouveau-Château*. Pour arriver à ces palais et à leurs jardins, il faut suivre une longue allée, qui, de la porte de Brandebourg va au pied des terrasses.

Le palais où habitait le Kronprinz, où est mort

l'Empereur, renferme encore des souvenirs de Frédéric II.

On trouve le cabinet de travail, la bibliothèque, la chambre à coucher. Mais ce ne sont pas ces historiques appartements qu'habite la famille royale.

Dans l'aile ouest, des appartements plus modestes, capitonnés et tapissés à l'anglaise, avec des fauteuils confortables, des tables et des métiers mécaniques, des orgies de photographies et de théières, tel est le dernier asile de l'Empereur agonisant.

La vie que menait la famille impériale ressemblait aux appartements qu'elle habite : simple et bourgeoise, sans faste. Où sont les fêtes d'antan ? les réceptions, les bals, les travestis, les kermesses champêtres ? Le théâtre où eut lieu l'unique représentation de l'*Antigone* de Sophocle avec la musique de Mendelssohn, ce théâtre charmant est fermé. Fermée aussi, la salle des concerts où Frédéric II rivalisait, sur son clavecin, avec le maître *Bauch*. Naguère encore, Sans-Souci, Charlottenhof et Friedrichskron avaient deux jeunes gens qui y portaient la vie et le sourire. C'est là que la princesse Irène, cette fine fleur parisienne poussée sur les terres d'Allemagne, excitait l'admiration des gardiens et des portiers en changeant sept fois de toilette par jour. Mais cet été, elle ne viendra pas à

Potsdam. Elle voyage avec son mari, le prince Henri de Prusse, à travers la Silésie.

La jeune princesse Victoria, elle, ne manque pas à Potsdam. Mais les courses folles, à travers les allées, sur le poney noir, sont finies. La Princesse est triste, parce que le lieutenant général de Battenberg, son cousin et son fiancé, est exilé de la Cour, par ordre du chancelier. Voilà pourquoi le palais d'été de l'empereur d'Allemagne n'a eu ni la splendeur du siècle passé, ni la gaieté simple des dernières années du règne qui a fini. Il y a bien à Sans-Souci un souvenir encore vivant, une réminiscence imitative de Trianon : c'est la ferme rustique. Mais l'impératrice Victoria, en Anglaise pratique, n'a pas laissé de place pour la poésie... même en ce coin de parc.

La vacherie doit fournir du lait et en fournit. Ce lait ne va pas dans les biberons des petits enfants ou dans la gamelle des vieillards : il va tout simplement au marché.

En montant les escaliers de marbre des terrasses, l'empereur Frédéric dut sentir un singulier frisson. Ces ifs bien taillés, ces promenades bien sablées, les groupes mythologiques du grand bassin ; puis, dans les appartements, le Charles XII, le Bouchardon, les Lesueur, les Lancret, les Watteau, tout dut le forcer à songer au pays de France. Il travailla jusqu'au dernier jour sur la table de velours bleu

qui fut celle de Frédéric-le-Grand, sur la table dont
Napoléon vainqueur a détaché un morceau — une
relique.

Les influences ennemies avaient pris le dessus à
Berlin, comme les influences bienfaisantes avaient
pris le dessus à San-Remo. Si la mort n'était pas
venue, la villégiature de Sans-Souci aurait pu ne
pas être perdue pour l'Europe. Car la femme de
l'Empereur avait repris son rôle d'Impératrice, ce
rôle dont elle avait joué le prologue avec le génie du
cœur — et de l'ambition.

L'Empereur Frédéric en cent jours de règne avait
tué sous lui bien des illusions françaises. Ce fut
pourtant un moment d'émotion réelle et sincère que
celui où l'on apprit à Paris que la situation était
absolument désespérée, qu'à Berlin les théâtres
étaient fermés par ordre, que l'agonie de Frédéric III avait recommencé et que le règne de Guillaume II allait s'ouvrir.

L'émotion fut plus grande en France qu'en Allemagne. Il est dans notre nature et notre caractère
national d'espérer contre toute espérance. Nous
voulions croire possible la guérison impossible.
Mais l'illusion n'est pas une maladie germanique,
et les Allemands, même les plus dévoués à Frédéric III, attendaient la fin de l'Empereur comme l'on
attend la délivrance d'une crise.

Quand on lit le récit de l'agonie impériale, on se reporte de plusieurs siècles en arrière. L'art de bien mourir est un art perdu en ce siècle de lâcheté universelle, et Frédéric III a su finir en preux.

C'est en pleine crise ministérielle que l'agonie prit l'Empereur. Le 14 juin il avait télégraphié au prince de Bismarck pour le charger d'offrir le portefeuille de l'intérieur au comte de Zedlitz-Trütschler.

A huit heures du soir, un froid que rien ne pût chasser pénétra tous les membres.

L'Impératrice se tenait au chevet du malade, qui pressait dans sa main la main de sa femme.

« Cette fois, c'est fini, bien fini, » murmurait-il par intervalles.

Les symptômes comateux apparurent vers le soir. Le docteur Mackensie pratiqua alors des injections de caféine, qui produisirent un mieux relatif; mais, vers minuit, la fièvre était redevenue plus intense, le corps marquait plus de 40 degrés; la nuit fut très mauvaise. A chaque instant, on redoutait la crise fatale. Tous les médecins entouraient le malade, qui avait toute sa connaissance; à plusieurs reprises il serra la main de l'Impératrice.

Les médecins tinrent un conseil suprême, dans lequel ils reconnurent l'inutilité de toute opération; leurs efforts durent tendre seulement à adoucir les dernières souffrances du malade.

Chaque fois qu'on essayait de lui faire absorber quelque liquide, le mouvement que celui-ci faisait pour avaler engendrait des douleurs atroces.

En envahissant l'œsophage, le cancer avait produit une irritation des bronches, pendant que l'élargissement du passage de la canule, en faisant tomber la suppuration dans les bronches, provoquait de la toux et une fièvre infectieuse.

A sept heures, une quinte survint; le malade étouffait. Le docteur Mackensie changea vite la canule. L'Empereur fut soulagé et s'endormit jusqu'à minuit.

Le réveil fut terrible. La toux revint plus violente, la respiration était dure, pénible. L'Empereur était si faible qu'on crût qu'il allait passer.

On essaya de le soutenir en introduisant par la sonde du lait coupé de whisky. L'estomac rejeta aussitôt cette boisson.

La cloison qui sépare l'œsophage de la trachée-artère était rongée par le mal.

Au milieu de la nuit, un instant de calme se produisit; l'Impératrice prit quelques instants de repos; mais les derniers symptômes reparurent.

Bientôt la respiration devint courte et le pouls rapide, avec une extrême faiblesse. Le docteur Bardeleben essaya encore d'introduire de la nourriture, mais il y dut renoncer.

Malgré sa grande énergie et son calme, l'Empereur repoussait cette nuit ses médecins, semblant dire que ses souffrances rendaient tout inutile,

A plusieurs reprises, il parvint encore à se faire comprendre de l'Impératrice.

Tous les ministres étaient présents à Potsdam.

Le chancelier Bismarck ne quitta pas le palais.

La famille impériale était restée à Friedrichskron jusqu'à une heure très avancée de la nuit.

L'Impératrice avait repris sa place au chevet de l'Empereur dès quatre heures, ce matin.

Vers neuf heures du matin, l'Empereur s'endormit, mais vers dix heures, il se réveilla un instant, et remua sa main comme pour la tendre aux personnes présentes; puis le pouls et la respiration devinrent excessivement faibles. Enfin, à onze heures quinze, il expira.

L'Empereur a conservé sa connaissance jusqu'à un quart d'heure avant sa mort. Il a fait comprendre, par le mouvement de ses paupières, aux membres de sa famille qui se trouvaient autour du lit et aux autres personnes présentes, qu'il les reconnaissait encore.

L'Impératrice se tenait d'un côté du lit et le Kronprinz de l'autre.

Frédéric III fit signe au prince de Bismarck d'approcher; il plaça la main de l'Impératrice dans celle du chancelier et la tête retomba sur l'oreiller inerte. Il était onze heures quinze. A midi le *Moniteur officiel de l'Empire* publiait l'avis suivant :

« Le royal martyr a cessé de souffrir.

« Par un décret de Dieu, Sa Majesté l'empereur et roi Frédéric, notre très gracieux souverain, est entré aujourd'hui, un peu après onze heures du matin, dans le repos éternel, après une longue et cruelle souffrance qu'il a endurée avec une fermeté admirable et une entière résignation aux volontés divines.

« La famille royale et notre peuple, qui a perdu en si peu de temps deux souverains, déplorent profondément la mort prématurée de son Empereur bien-aimé.

« Berlin, le 15 juin 1888.
                    « *Le conseil des ministres.* »

En même temps que ce décret paraissait, le grand chancelier remettait pour la forme entre les mains de Guillaume II sa démission. Le jeune homme se jeta dans les bras du chancelier et lui dit simplement :

« Je n'aurai jamais d'autre ministre que vous. »

Ce fut le seul instant où Guillaume II manifesta quelque émotion, et encore cette émotion n'était pas celle d'un fils, mais celle d'un empereur.

Les funérailles furent fixées au 18 juin. En mars on avait assisté à la pompe officielle et militaire qui entourait la fin du soldat « le plus redouté de l'Europe » selon le mot du chancelier.

Mais les faiseurs de parallèles qui ont voulu comparer le deuil national de Berlin en mars avec l'indifférence populaire de juin se sont trompés.

En mars, une foule haletante se pressait dans les rues, parce que les funérailes avaient lieu dans la capitale et, pendant trois jours, le peuple voulut assister aux trois phases : la mort, la translation, la solennité funèbre.

En juin, l'émotion publique a duré quelques heures : le temps d'apprendre la nouvelle ; mais la foule n'avait aucune raison pour s'entasser « Sous les Tilleuls », puisque tout se passait à Potsdam. Malgré cela, il y a eu plus de larmes versées dans le peuple à la mort de Frédéric III qu'à la mort de Guillaume Ier.

Le 17 juin, dès neuf heures, j'étais à Potsdam, chez mon ami le comte X..., celui dont l'accueil bienveillant me fut si précieux à San-Remo. L'émotion du fidèle de Frédéric III était telle que d'abord il ne put me parler .

Puis il me dit : « Venez au château. »

Longtemps nous avons marché, par une pluie battante, sous les grands arbres du parc, qui, sur nos têtes, formaient une voûte sombre. A travers les troncs d'arbres, nous apercevons les étangs dont l'eau miroite. Sur le perron de Friedrichskron, quatre gardiens veillent. Le comte donne un mot de passe, et nous entrons dans la salle des Coquillages.

Une seule lampe éclaire la pièce immense, mais les coquilles et les cailloux qui forment sur le mur des arabesques rococo reflètent la lumière, et chaque coquille brille dans la nuit comme une larme.

Une large baie mène au salon des Jaspes. Cette salle, ornée de marbres brillants, décorée blanc et or, avec une voûte où des amours jouent avec des tritons, toute cette gaieté contraste avec la scène de mort.

Au fond de la pièce, sur un lit de parade rouge, est posé le cercueil de velours, encore ouvert.

Le corps, embaumé, est placé sur un linceul de soie blanche aux aigles noirs. Sur la poitrine est posé le sceptre de velours bleu aux aigles d'or. La figure est découverte. Les traits de Frédéric III ne sont pas décomposés, comme on l'a prétendu. Il est tel que je l'avais vu, non à San-Remo, mais, pour la dernière fois, à Berlin.

La figure, amaigrie, a une transparence de cire. On croirait voir la statue d'un martyr.

Quatre généraux avec douze chambellans veillent, et Blumenthal, debout, immobile, tient la bannière de l'Empire. Trois fois en cinq minutes avec le revers de sa manche, il essuie une larme. Quatre torchères à flammes rouges éclairent cette scène.

Il est impossible de ne pas être ému devant ce spectacle lugubre.

14

Le 18 à neuf heures et demie, je refais sous bois le chemin parcouru la veille. Les cloches sonnent lentes et graves. Le soleil perce les arbres, et sur la longue allée droite qui va de Potsdam au château sont déjà rangées les troupes. Les cuirassiers blancs alternent avec la garde. Les chasseurs à pied sont en face des uhlans. Plus loin ce sont les hussards.

Toutes les troupes sont sur deux rang, l'arme au clair. Le soleil brille sur les cuirasses, sur les épées.

De dix heures à onze heures, les invités arrivent dans les carosses de cour, et se placent dans le salon des coquillages.

On entoure beaucoup le prince de Galles, très ému, et les grands-ducs de Russie; on remarque l'absence du prince Rodolph d'Autriche.

Les portes s'ouvrent et, devant le cercueil fermé, le pasteur Kœgel prononce des prières. Des voix de femmes chantent le *Pie Jesu*, pendant que la musique de la garde joue une marche funèbre.

An moment où la levée du corps va être faite, l'impératrice Augusta traverse la foule des assistants, et fond en larmes auprès du cercueil. Personne ne reconnaîtrait dans cette femme en pleurs, la brillante souveraine de l'an dernier. Elle a vieilli de vingt ans.

Le char funèbre et le dais qui ont servi pour le père servent aussi pour le fils. Les mêmes généraux portent les mêmes insignes.

L'Empereur, très pâle, très nerveux, marche seul, suivi du prince de Galles et du prince Henri. Ce dernier ne peut retenir ses larmes.

Tout se passe comme en mars. On croirait voir la seconde représentation d'un drame dont le décor seul a été changé. Le soleil et la verdure ont remplacé la neige et le ciel noir.

Derrière les arbres, dans le bois, une foule grave et recueillie assiste au défilé. On voit des femmes qui pleurent.

Dans l'église de Potsdam, nous entrons cinq cents. Le pasteur Kœgel prononce les prières et un discours. Dans les tribunes de gauche sont deux cents dames. Dans les tribunes de droite, les princes et le corps diplomatique.

Après la cérémonie, je rentre à Berlin.

Toute la ville est « Sous les Tilleuls », attendant de voir passer l'Empereur, attendant aussi la proclamation pacifique qui doit succéder à la proclamation militaire.

La cour avait fait à Frédéric III des funérailles de seconde classe, que le peuple avait grandies par le cortège de sa douleur.

Aujourd'hui le passé, le rêve dorment dans l'église de Potsdam avec celui que la nation appellera le roi-martyr. Il faut se tourner vers l'avenir, et l'avenir c'est Guillaume II.

GUILLAUME II

GUILLAUME II

Les proclamations de Guillaume II ont étonné l'Europe. On s'attendait à entendre la parole d'un homme jeune et ardent. Au lieu de cela, on entendit comme un écho affaibli de la voix du vieil Empereur Guillaume.

Le jeune souverain n'avait pas comme Frédéric III une longue explication de ses principes à donner. L'Empereur défunt arrivait au pouvoir, il y a trois mois, avec un programme nouveau. Il rêvait d'organiser une monarchie libérale et parlementaire. La maladie et la mort ne lui ont pas laissé le temps d'accomplir son œuvre. Aujourd'hui, un jeune homme prend le pouvoir là où un vieillard l'avait laissé. Le règne de l'Empereur de trente ans va être la continuation régulière et méthodique du règne de l'Empereur de quatre-vingt-dix ans. La proclamation impériale peut se résumer en deux mots : « A l'intérieur, pieuse imitation de Guillaume Ier; à l'extérieur, la paix armée. »

Souvent dans ce volume le prince Guillaume est apparu jouant le rôle d'un fils sans cœur, d'un ambitieux présomptueux. Tel il était hier, tel il n'est plus aujourd'hui. L'Empereur a chez lui modifié l'âme au point de métamorphoser l'être tout entier.

« Guillaume II sera un guerrier de paix, » tel est le mot par lequel un prince, royal lui aussi, impérial même, résumait il y a trois mois, une longue conversation sur cette énigme vivante qui était hier le Kronprinz d'Allemagne, qui aujourd'hui a été salué Empereur.

Pour faire un portrait exact de Frédéric III, il suffirait de tracer le portrait ressemblant de l'impératrice Victoria : feu l'Empereur était un intelligent et doux reflet du héros sa femme. Mais le nouveau chef de la maison de Hohenzollern est l'inconnu; on ne lui sait qu'un maître, le chancelier; et l'on n'est pas sûr que l'élève, devenu souverain, reste souple, docile, obéissant. Les uns prétendent que le Prince est un jeune homme d'esprit, de tête et de cœur. Les amoureux du parallèle le comparent déjà au grand Frédéric.

D'autres le voient lourd, borné, soldat sans race

et sans éducation. Tous mettent du leur dans le
portrait. Tous regardent le jeune homme avec les
yeux de l'affection ou de la haine, c'est-à-dire avec
des yeux aveugles. Sur un seul point, amis et
ennemis sont d'accord : à croire ceux qui connaissent ou prétendent connaître Guillaume II, le commencement de son règne serait le commencement
de la guerre.

Pour lui, dit-on, tout ce qui n'est pas l'uniforme
ne pèse pas un fétu de paille ; pour lui, l'armée
est une divinité et il est le dieu de l'armée allemande ; on ne l'a jamais vu que dans les casernes,
dans les banquets d'officiers, dans les revues. Tout
cela est vrai ; autre chose aussi : tandis que le père
avait choisi pour conseiller militaire le général
Blumenthal, le général artiste, le fils, lui, s'est entouré de soldats qui ne sont que soldats, les Kleist,
les Pape, les Waldersee. Mais cela prouve-t-il qu'il
veuille partir en guerre ? Non, certes.

Si Guillaume était un jeune fou — ce qu'il n'est pas
— la gloire des revues, les applaudissements des
casernes lui suffiraient. Il jouerait au soldat et se
laisserait conduire par le chancelier, qui certes ne
le mènerait pas à la guerre.

Mais si, au contraire, Guillaume est un habile,
un souverain soucieux de son devoir et du bonheur
de son peuple, il se souviendra du mot qu'il a prononcé, à San-Remo, chez une aimable hôtesse,

presque une Française : « Je monterai sur le trône, disait-il alors d'une voix singulièrement grave et profonde, je monterai sur le trône sans haine contre aucune nation, ne portant au cœur que l'amour du peuple allemand. »

La parole était belle. Sera-t-elle la devise de l'Empereur? Tout permet de le croire. Aujourd'hui, demain, dans quelques mois, il ne pourrait faire la guerre qu'à un pays : la France. Qu'y gagnerait-il, en admettant qu'il gagnât la partie? Une province encore? Ce n'est pas lot bien enviable. L'empire est déjà fort gêné par l'Alsace-Lorraine, cette plaie vive accrochée à son flanc. Espérerait-il encore tirer des milliards de la France aux abois? A quoi bon? La guerre coûte toujours plus qu'elle ne rapporte.

D'ailleurs, le Prince ne peut pas se faire illusion : les difficultés intérieures sont trop grandes pour qu'il puisse se créer des difficultés extérieures : le parti catholique va lever la tête. Le socialisme essaiera de sortir du rêve pour entrer dans l'action. Les rois sont mécontents. L'unité financière n'est pas commencée, et l'unité militaire ne saurait être œuvre terminée sans l'unité financière. Peut-être le Prince va-t-il se préparer à la guerre... mais par une longue paix.

Il ne faut pas, d'ailleurs, se représenter Guillaume comme un soudard tout d'une pièce, comme un caporal à la mode du fondateur de la monarchie prussienne.

Guillaume II veut être très Allemand, très Hohenzollern. Il se cambre dans son uniforme, se dresse dans sa petite taille. Mais, des Hohenzollern, il n'a ni la stature, ni la force, ni même la beauté un peu lourde et imposante.

On raconte qu'un jour, à une revue, il fut pris d'un saignement de nez. Comme son état-major s'empressait autour de lui, il s'écria en riant : « Ne faites pas attention, messieurs; c'est la dernière goutte de sang anglais qui sort de mes veines. »

Le mot est faux, sans doute parce qu'il n'a pas été prononcé, mais aussi parce que, s'il avait été prononcé, il serait une erreur. Malgré lui, à son insu, Guillaume est Anglais : Anglais par le physique, Anglais par le caractère, sinon par le cœur. Il a l'esprit de répartie, le mot cruel ou aimable, selon l'heure; il a la mobilité d'idées fixes, toutes choses qui viennent de l'autre côté de la Manche.

Son éducation même a été anglaise : il n'a pas eu, selon la tradition des Hohenzollern, un précepteur, un maître qui lui aurait appris l'orgueil et l'obéissance, la volonté et la passivité. Il a passé par le laminoir universitaire. Il a joué dans la cour du collège de Cassel avec ses futurs sujets, comme l'eût fait un fils de roi constitutionnel.

Suivant la tradition des Kronprinz de tous pays,

il a laissé deviner que son règne serait l'antithèse vivante du règne qui vient de finir avant même d'avoir commencé. Il a pris le tremplin de l'autorité parce que Frédéric avait pris le tremplin du libéralisme.

Mais Frédéric Empereur avait donné à comprendre qu'il abandonnerait une partie du bagage parlementaire de Frédéric Kronprinz. Guillaume, lui aussi, adoucira les angles. L'Empereur qui vient de descendre au tombeau avait dit : « La couronne est un remède. » Celui qui monte sur le trône pourra dire : « La couronne est le meilleur des professeurs ». D'ailleurs, l'avènement de Guillaume II n'est que le nouvel avènement du chancelier. Il n'y a rien de changé en Allemagne, il n'y a qu'un Empereur de plus.

Cependant ceux qui prétendent en France que le chancelier va servir de frein à la fougue ou à l'ambition de Guillaume II se trompent, c'est Guillaume II qui sera le modérateur du chancelier. Le jeune prince s'est si bien mis *dans la peau* de son grand-père, qu'il jouera le rôle au grand complet. S'il écoutait ses sentiments de haine, il aurait fort à faire ; si l'empereur François-Joseph lui témoigne de l'amitié en toute occasion, il n'en est pas de même de l'archiduc Rodolphe. En Russie, il y a deux ans, il fut tant et si bien humilié, qu'il supplia l'an dernier son grand-père de ne point l'y renvoyer, pourtant, maître de lui-même il y est revenu. — Du côté de la France, le jeune souverain a beaucoup changé, non pas que sa haine soit devenue de l'affection, mais il a déposé ses rages et ses colères d'enfant.

Il ne faut pas se faire d'illusions sur son cœur, mais il faut le considérer comme un prince capable de régner, même de gouverner.

DEMAIN

DEMAIN

Le chancelier de Bismarck a compris qu'il faut
occuper les jeunes gens : les travaux de la guerre
l'effrayent pour cent causes, et, afin que le jeune
souverain de l'Allemagne ne soit pas tenté de renoncer à ses pacifiques projets, Bismarck a voulu
canaliser les facultés du petit vers les affaires étrangères.

On dit — on ne raconte pas, on affirme que le
chancelier aurait l'intention de remanier le haut
personnel royal de l'Allemagne. Ce serait la transformation de quelques monarques en préfets que
l'on offrirait comme premier jeu politique à l'Empereur, impatient d'agir et las de faire des proclamations dans le style archaïque de Guillaume Ier

Le mouvement commencerait par une solennelle réconciliation avec le duc de Cumberland.

Le duc est las de voyager à travers le monde sous des incognitos transparents. C'est un vaniteux, pas un orgueilleux. Il ne tient pas à régner; il tient à recevoir un titre très royal. L'exil lui pèse. Les châteaux que l'on doit quitter après six mois sont des hôtels meublés, et le prince va vendre sa couronne de Hanovre pour le modeste plat de lentilles qui s'appelle le duché de Brunswick. Il est vrai que le prince vend un droit très platonique et achète une livrée très dorée.

La mutation Cumberland n'est pas la seule que rêve le chancelier : il ne s'agit de rien moins que de faire un nouveau pas vers l'unité de l'Empire.

Cette unité qui s'appelle le *Deutschland* n'est encore faite dans toutes ses parties que par le lien militaire.

Il faut accomplir l'unité financière, pour ne pas laisser périr par la parole ce que Blücher a créé par l'épée. Moyennant compensation, on demanderait au *patriotisme* des princes allemands la renonciation à leur budget privé.

Les assemblées parlementaires des royaumes deviendraient des conseils généraux de départements ; les rois se contenteraient du rôle de gouverneurs généraux de leur royaume, et les ministres locaux ne changeraient pas grand'chose à leurs fonctions en devenant simples chefs de bureau. Cette mesure lentement accomplie, il ne faudra pas plus d'une génération pour que les altesses préfèrent à leur capitale de province la capitale de l'empire et troquent leur couronne démantelée contre le manteau du courtisan. Ce jour-là, et ce jour-là seulement, il ne faudra plus dire l'empire allemand, mais l'empire d'Allemagne.

L'Europe ne devrait pas voir d'un œil doux et souriant cette réforme, qui sera une lente révolution. Mais l'Europe a si bien pris l'habitude de fermer les yeux que l'œuvre s'accomplira.

Le jour où il n'y aura plus de rois en Allemagne, ce sera grand dommage au point de vue pittoresque.

Pendant les fêtes de l'Empire, fêtes de deuil ou fêtes de joie, je ne connais rien de plus triste que le spectacle des rois allemands déguisés en généraux prussiens et jouant, dans le chœur des généraux, le rôle des esclaves attachés au char du vainqueur.

Ils sont là vingt-cinq : rois, grands-ducs, princes et potentats, qui marchent, soumis et respectueux, derrière celui dont ils ont fait la force et qui fait leur faiblesse. Ils ne se distinguent des officiers supérieurs que par un regard moins hautain, par une démarche moins victorieuse.

Ils ne sont guère souverains, ces figurants du trône : le roi de Saxe comme celui de Wurtemberg, le grand-duc de Hesse comme le grand-duc de Saxe-Weimar, ne demandent même pas à rester étoiles dans le ciel impérial; sans résistance comme sans espoir, ils se laissent éteindre, absorber, engloutir par les rayons du soleil.

Un seul osa, non pas lutter, mais vivre. Un seul voulut ne pas rester quelque chose, mais devenir quelqu'un.

Louis II, en Bavière, prétendit garder une parcelle de royauté. Il ne rêvait ni les grandes chevauchées militaires ni les apothéoses de la victoire. Il voulait, dans un peuple de guerriers, conserver pure et haute la tradition divine de l'art expulsé. Il y gagna de passer pour fou et de finir dans un suicide involontaire. Les autres ont profité de la leçon.

Aucun n'aspire à un rôle plus beau qu'à celui de soldat dans la grande armée des généraux allemands. Ils seront punis de leur passivité comme Louis II a été puni de son indépendance.

Entre tous, le plus valet est précisément l'héritier de Louis II, le régent Luitpold. Il est moins souvent à Munich pour présider sa Cour qu'à Berlin pour faire la sienne.

Au physique, il n'a ni le charme qui plaît ni l'énergie qui attire : la barbe blonde, semée de fils d'argent, la figure couperosée, les cils longs et droits, cachant des yeux durs, mais sans vie; tout cela lui donnerait un assez bel air de paysan du Danube, si le regard n'était pas faux et servile. Il contemple l'Empereur comme les hyènes vieillies dans les foires regardent leur dompteur.

Le roi de Saxe a le physique plus sympathique. Quand on le rencontre dans les antichambres du palais impérial, il semble un bel aide de camp comme Luitpold semble un caporal oublié par l'avancement. Le roi de Saxe a connu les tempêtes de la vie, non pas celles de l'esprit, mais celles du cœur. En 1870, il eut son heure de gloire militaire; mais c'est un vainqueur vaincu. Aujourd'hui, il n'est plus guère royal que par ses chasses : sa capitale n'est pas Dresde, c'est la haute Styrie : ses sujets ne sont pas les Saxons, ce sont les sangliers et les loups des Bergs.

La première victime de la réforme impériale, victime souriante et fière de s'offrir, sera le grand-duc de Bade. Cet homme, excellent et fin, n'est que le mari de la princesse. Il est si fier d'avoir épousé la sœur de Guillaume qu'il s'efface derrière sa femme. Cette dernière fait des économies.

Charles Ier de Wurtemberg, lui, n'est pas avare : il laisse dilapider ses finances par la bande de musiciens qui ne le quitte guère. Sa cour est faite de pianos et de pianistes.

Chez lui, il ne se permet ni une opinion, ni un sentiment politique; mais il est très conservateur à Berlin.

15.

Par ses dimensions physiques, il est digne d'être l'héritier de ce roi de Wurtemberg dont Napoléon disait en riant : « Sa Majesté arrive toujours *ventre à terre!* »

La musique est le trait d'union entre le roi de Wurtemberg et le duc de Meiningen. Mais les écoles diffèrent et les orchestres ne fusionnent pas.

Le duc de Hesse n'aurait pas grande raison d'être, et ne serait célèbre que par Mme de Kolémine, s'il n'était pas le père de la plus parisienne des Allemandes. La princesse Irène, qui est aujourd'hui la jeune et brillante femme d'Henri de Prusse, sera le sourire de la cour de Berlin. A San Remo, à Potsdam, elle jetait dans un milieu terne et gris la note vivante, la note *française,* car elle affecte de ne jamais parler une autre langue que le plus pur *parisien.*

Le sort de son ducal père sera sans doute de venir terminer auprès de sa fille une vie remplie de repos.

Des potentats de Weimar, d'Oldenbourg, d'Altenbourg, que dire? ils n'ont même pas le plaisir d'obéir aux ordres de la chancellerie : le maître ne daigne pas leur en donner. Quand ils disparaîtront, on demeurera étonné d'apprendre que ces reliques de la confédération n'étaient pas encore en poussière.

Et maintenant, si l'on demande pour quelle

époque est la suppression de la première victime,
on pourra répondre avec certitude pour la première
succession ouverte. A la Mort de choisir l'héritier
qui devra être le premier à ne pas hériter.

Tout cela m'a été conté par un personnage autrichien qui connaît l'Allemagne mieux que le ministre le plus Allemand, et qui est d'ordinaire très
respectueux par principe de toutes les monarchies.
Je lui demandai :

« Comment pouvez-vous être sévère pour des
hommes affaiblis peut-être, mais rois pourtant. »

— Ils le sont si peu, répondit mon interlocuteur. »

Et ce fut le mot de la fin.

Si le chancelier est ardent à l'intérieur, il est pacifique à l'extérieur.

Voici que l'interrupteur des idylles royales quitte
ce rôle cruel, pour jouer au directeur d'agence ma-
trimoniale diplomatique.

Voici que le prince de Bismarck lance à ciel ouvert
le ballon d'essai d'une alliance entre la Russie et
l'Allemagne. Cette alliance serait affirmée à l'Europe par le projet officiel de mariage entre Nicolas
Alexandrowitz Csarewitz, grand-duc héritier de
Russie, ataman des troupes cosaques, et S. A. Sophie-Dorothée, princesse de Hohenzollern.

A cette nouvelle, les chancelleries s'agitent; des

flots d'encre coulent dans les gazettes de la vieille
Europe. On s'occupe gravement des conséquences de cette union, on jette dans la balance les
arguments les plus variés et les plus opposés. On
remarque, non sans une pointe d'ironie, que le côté
féminin joue en cette affaire le rôle demandeur; c'est
le chancelier qui annonce la nouvelle; ce sont les
Hohenzollern qui font les premiers pas. La Russie
reste jusqu'ici très passive; elle reçoit les avances,
attend les visites et ne souffle mot; *elle se recueille,*
fidèle à la devise historique de son grand ministre.

Le projet n'est, certes, pas sans épines; mais la
France est le pays qui doit le moins s'en agiter;
l'alliance russo-allemande n'a rien qui puisse nous
effrayer. Nous savons que le Czar, en sa politique
très prudente et très sage, ne veut la guerre à aucun
prix. Il retiendra peut-être l'Allemagne; il ne se
laissera sûrement pas entraîner par elle.

Mais à Vienne, on ne saurait être aussi calme.
Le mariage annoncé, ce serait la triple alliance
dénoncée. Elle est bien malade, d'ailleurs, cette
pauvre triple alliance. Loin, très loin est le temps
où Bismarck voulait faire croire à la fraternelle
amitié de Rodolphe de Habsbourg et de Guillaume II.

Les vitres sont cassées depuis des mois, et il
faut voir avec quel dédain les journaux officieux de

l'empire allemand annoncent le renvoi d'une entrevue autrichienne aux calendes grecques.

L'empereur François-Joseph est indifférent aux choses de la politique et de la vie; mais il est trop gentilhomme et trop Habsbourg pour ne pas sentir l'affront. Son fils est là, d'ailleurs, avec l'ardeur impatiente d'une brillante jeunesse, pour mettre le doigt de son père sur la plaie vive.

D'ailleurs, on discute beaucoup, sans se demander quel est le but du chancelier. Peut-être M. de Bismarck est-il l'homme du monde qui souhaite le moins le mariage dont il parle le plus.

Ce mariage serait, d'autre part, *tout simplement impossible*. Un grand-duc héritier de Russie ne peut épouser qu'une orthodoxe ; la grand'mère du czarewitch s'est bien convertie ; mais si aujourd'hui une allemande se convertissait, ce serait l'écrasement de la maison de Hohenzollern.

Ceux dont personne ne parle, dont personne ne s'occupe, ce sont les intéressés, les héros ou les victimes, c'est-à-dire le Czarewitz et la princesse Sophie-Dorothée.

Lui, un beau jeune homme de vingt ans, avec quelque chose de doux et de sauvage dans le regard, des airs de jeune lion privé. Il est superbe et a fort grande mine, dans son uniforme d'ataman des troupes cosaques, qu'il porte volontiers.

Nul mieux que lui ne sait poser avec grâce la toque élégante de fourrure blanche ; nul mieux que lui ne fait sonner sur le pavé le long sabre recourbé. Il est habile à tous les exercices du corps, et ceux de l'esprit ne lui sont pas étrangers. Son éducation a été très simple, mais très impériale ; il a appris à obéir, comme un homme qui doit savoir commander.

Elle : deux ans de moins que *lui*. Pas encore jolie, elle le devient tous les jours. Charmeuse déjà, avec des yeux mutins, elle était la fille préférée de Frédéric III, l'enfant terrible de la maison. Elle a l'esprit de sa mère, les yeux de son père.

A San-Remo elle était arrivée enfant, elle en repartit jeune fille. Elle avait vu pleurer, appris à pleurer. Longtemps on lui avait caché la gravité de la maladie de son père. Elle n'y voyait — comme ses sœurs — qu'un triste empêchement à jouer au crocket dans la maison. C'est elle qui répondait à un clergyman lui demandant des nouvelles : « Papa ne va pas bien, répondit-elle, et c'est très ennuyeux, parce que la flotte anglaise, qui arrive demain, ne tirera pas de coups de canon. »

Ce mot d'enfant était, en sa cruauté, le chant du cygne : huit jours après, la petite princesse voyait pleurer sa mère et pleurait avec elle.

L'impératrice Victoria, femme autant qu'Impératrice, avait toujours rêvé pour ses filles le bonheur et rien de plus.

La bourgeoise anglaise qui dormait en cette Altesse Impériale avait bâti des rêves, laissé débuter des romans. Mais, Impératrice douairière sans avoir eu le temps d'être vraiment souveraine, la Princesse a hérité de tous les devoirs de son rang, sans hériter de tous ses droits.

L'empereur Guillaume II, roi de sa famille comme il est roi de Prusse, peut imposer sa volonté souveraine et marier ses sœurs à son gré.

Si l'union russe est un réel projet, on comprend les causes de la violente opposition que faisait le prince de Bismarck au mariage Victoria-Battenberg. Si l'aînée épousait le principicule révolté, on ne pouvait décemment offrir la cadette à l'héritier de toutes les Russies. Le mariage de la princesse Victoria-Charlotte avec le prince-héritier de Saxe-Meiningen, ce mariage, qui a fait le bonheur de deux vies, peut lui-même être aujourd'hui un obstacle.

En tout cas, voici que toutes les princesses de Hohenzollern sont entrées dans la politique par la seule porte qui soit ouverte aux Altesses féminines : les mariages ou projets de mariage.

Pour la princesse Marguerite elle-même, la plus jeune de toutes, un rêve a été fait — rêve d'une heure peut-être — mais rêve qui vaut la peine d'être conté.

La reine d'Angleterre allait partir pour l'Allemagne. Tout à coup, elle demande l'almanach de Gotha, le prend, le feuillette longuement et s'arrête au nom d'un jeune prince, espoir de la plus grande maison royale d'Europe.

« Il est né le 6 février 1869... » murmure-t-elle.

Et elle continue ses recherches, elle rapproche cette date de celle du 22 avril 1872, jour de la naissance de la princesse Marguerite de Hohenzollern; puis, grande collectioneuse de photographies royales, elle se fait apporter celle du jeune prince et celle de sa petite-fille. Puis elle conclut :

« Ce serait peut-être la paix de l'Europe... et le bonheur de ces enfants. »

La Reine faisait le projet, la grand'mère faisait le rêve.

Mais où sont les rêves et les projets d'antan? Ils sont descendus dans la tombe de Frédéric III, et la vieille reine Victoria n'a plus voix au chapitre d'Allemagne: Guillaume II règne, le chancelier gouverne.

Mais revenons au mariage qui est la préoccupation de l'Europe. S'il se fait, ce sera peut-être toute une révolution dans la politique des chancelleries. Les plis du voile de la fiancée contiendront-ils la paix ou la guerre? Nul ne sait. En attendant, les

Joseph Prudhomme de tous les pays verseront un pleur littéraire, le long du sort des Princesses impériales ou royales. On redira pour la centième fois les cruelles tristesses de ces femmes jeunes, et belles souvent, aux âmes délicates et affinées presque toujours, chez qui le cœur n'a pas le droit de parler et qui sont réduites au rôle de traités vivants entre leur patrie et un allié.

Les pleureurs historiques oublieront que les mariages de raison ne sont pas seulement le sort princier : cet accident arrive à d'autres qu'à des filles de roi; mais ces autres n'ont pas le dédommagement de jouer un rôle politique, d'être pour deux peuples des instruments de bonheur.

Donc l'Empereur veut la paix, le chancelier veut la paix.

« Mais le parti militaire? Vous comptez sans cette force divisée en deux partis opposés, le parti de la paix, le parti de la guerre. »

Dans quelques années, ce cliché ridicule sera devenu une vérité historique. Il sera développé dans tous les manuels français, et les élèves soucieux de ne pas réveiller les examinateurs de leur sommeil pédagogique devront répondre par la phrase ci-dessus aux questions sur l'organisation militaire de l'empire.

A mon premier voyage en Allemagne, avec la

conviction de l'existence de deux partis, j'ai cherché les chefs, puis les membres de l'un et de l'autre, et j'ai trouvé la plus parfaite unité de sentiments sur *un seul* point dans l'armée : tous, officiers, soldats, vétérans ou jeunes cadets, veulent la paix. Ils la veulent pour des motifs très différents; mais le but n'en est pas moins le même.

« L'armée allemande » est, d'ailleurs, un terme inexact. Il n'y a pas d'armée allemande; il n'y a qu'une armée prussienne. Il y a dans l'armée des officiers badois, wurtembergeois, saxons, bavarois.

Mais tous se sont appliqués à devenir Prussiens. Ils ont si bien joué le rôle que le masque s'est collé au visage. Ne cherchez plus, au mess, l'officier bavarois bon garçon, gouailleur, pipeur, menteur, en un mot, le Gascon du Nord. Vous ne trouverez que l'officier prussien botté, éperonné, ciré, verni, épousseté.

S'il est vieux, s'il appartient à l'ancienne école, il aura de la morgue, de l'insolence. Il ne sera pas mal élevé, non, il ne sera pas élevé du tout, il se fera un plaisir de faire descendre du trottoir les femmes ou d'embarrasser dans son sabre traînant le vieillard, qu'il rencontrera sur sa route.

Mais ce type de parvenu militaire, ce type de soudard qui a connu les heures d'abaissement et de faiblesse, et qui se venge sur les autres des humi-

liations subies autrefois, ce type disparaît. En dix-
huit ans, l'armée se renouvelle. La génération de
70 est près de la retraite, et ceux-là qui servent
encore dans l'armée représentent l'élite de la pro-
motion, puisqu'ils ont atteint les plus hauts grades.

L'officier prussien, celui que vous trouverez au
mess, à la promenade ou au bal, sera poli, courtois,
parlera le français et l'anglais, se dérangera de son
chemin pour guider l'étranger et, si vous lui parlez
de Paris, ses yeux s'allumeront, son cou se tendra
pour que l'oreille ne perde pas un mot. Oh! ne
croyez pas qu'il rêve le grand punch de Paris flam-
bant, allumé par l'incendie d'un bombardement.
Non! il rêve d'aller à Paris, mais d'y aller par
l'express et d'y vivre pour quelques semaines la
vie de France, la vie gaie, la vie vivante.

Voilà ce qu'est l'officier allemand, depuis le lieutenant jusqu'au colonel-adjudant.

Mais les chefs, dira-t-on? peu importe l'opinion
de ceux qui n'ont qu'à obéir. Ce qui intéresse, c'est
l'opinion des maîtres. Les maîtres ou plutôt le
maître, c'est le chancelier, et il veut la paix. Du
vivant de Guillaume Ier, le chef unique de l'armée,
c'était l'Empereur. M. de Bismarck n'avait pu
entamer sur ce point l'omnipotence du vieillard. Il
inspirait peut-être, mais il ne dirigeait pas.

Aujourd'hui, tout est changé : M. de Bismarck,

après l'*interim* de quelques mois qui vient de finir
en même temps que le martyre de Frédéric, —
M. de Bismarck prend le pouvoir militaire, à
moins que le souverain, celui que le chancelier
appelle encore avec affection et protection : le
petit, à moins que l'élève Guillaume II ne se
révolte et ne se révèle. Mais nous avons déjà
expliqué pourquoi ce belliqueux est... un pacifique.

Les grands lieutenants de la couronne sont divisés en deux catégories : les anciens, les fidèles du
vieux Kaiser défunt, et les jeunes, les amis, les
compagnons de feu Frédéric.

A la tête des premiers, Moltke se place : mais
Moltke a quatre-vingt-deux ans. Ce vieillard maigre
et petit, froid, taciturne et sans âme, modeste et
effacé dans le monde à force d'être dédaigneux, ce
méprisant est pacifique parce que le grand tacticien
ne pourrait plus diriger la guerre, parce que ses
membres raidis ne pourraient plus se plier aux
fatigues de la guerre ; assister à des victoires et ne
pas être le vainqueur ce serait une défaite pour cet
antique combattant.

D'ailleurs, Moltke n'aime pas la guerre, à laquelle
il doit tout, parce que, pour lui, une belle armée est
un objet de luxe, un objet d'étagère. Il ne faut pas
décimer, *dépareiller* les régiments.

De M. de Manteuffel, général de lettres, officier d'ambassade, créé et mis au monde pour signer des traités, au général de Kameke, il y a loin.

Je rapproche ces deux noms parce que la haine du chancelier fut leur trait d'union. Kameke aurait été l'homme de la paix si Bismarck avait voulu la guerre. Le réciproque est peut-être vrai.

Quant à Waldersee, bras droit de Moltke, il ne voit et ne pense que par son maître, et il inspire à son tour son jeune élève militaire : l'empereur Guillaume II. Bronsart de Schellendorff est encore un inconnu. Peut-être ne serait-il pas fâché de se montrer, de gagner des batailles, de gagner la suprême étoile. Mais il connaît l'armée allemande : il l'étudie depuis dix ans, et *il ne la croit pas prête pour la guerre*. Il le dit et le répète tant, qu'on pourrait ne pas le croire sincère, si ses rapports officiels ne donnaient pas les mêmes conclusions que ses conversations.

Reste Blumenthal, la créature, l'ami de Frédéric III, un brave, et un pacifique qui connaît la gloire des combats, mais aussi les horreurs de la guerre. D'ailleurs, celui-là — comme beaucoup d'autres — ne croit pas que la France soit l'ennemie héréditaire.

Ainsi, en haut comme en bas, dans les rangs de l'armée, on veut la paix. Le soldat, lui, n'a pas d'opinion. Il obéit, boit et ne pense pas. Il ne lit pas, ou, s'il lit quelque chose, c'est une brochure socialiste qu'il trouve glissée dans sa poche.

Il n'y comprend rien d'ailleurs. Il ne faut pas oublier que le régime militaire de l'autocratique Allemagne est basé sur un principe révolutionnaire : de dix-sept à quarante deux-ans, la nation est armée ; tout le monde doit être sous les armes, et le paysan, l'ouvrier demandent du travail, du pain, non des batailles.

Tel est l'esprit de l'armée allemande. Il faut ajouter — ou redire — que parmi les jeunes officiers, les lieutenants surtout, la France a des *amis*.

Je sais bien que le mot fait hurler les mangeurs d'Allemands et les mangeurs de Français qui de ce côté-ci de la frontière comme de l'autre, ridiculisent le patriotisme ; mais le fait est vrai et il est bon à dire.

Enfin, il ne faut pas avoir peur de ses ennemis, mais il faut savoir rendre hommage à leur mérite. On ne reprend pas les provinces perdues en niant la valeur de ceux qui les ont prises.

On peut conclure que le mot très juste du colonel von der Goltz :

« La jeune armée allemande est l'aristocratie intellectuelle de l'empire. »
est un axiome politique.

En résumé et pour conclure personne ne veut la guerre en Allemagne, personne ne la veut en France, ce qui ne veut pas dire qu'elle n'éclatera pas demain, comme éclatent quelque fois les poudrières que certes les gardiens ne veulent point faire sauter.

L'Europe en révolution est comme une immense écorchée que tout blesse, que la moindre piqûre peut mettre en état de crise nerveuse. L'hystérie est une maladie à la portée des nations qui elles aussi sont des femmes.

Mais si le calme se maintient, si l'équilibre instable n'est pas rompu, nous assisterons peut-être en Allemagne à un curieux spectacle!

L'Empereur Guillaume II est atteint du mal qui avait frappé son père à Suez. Depuis cinq ans qu'il a été *blessé* à Baden-Baden jamais il ne s'est soigné.

Son bras inerte est un héritage de famille, mais ses oreilles qui sont deux plaies purulentes, ses gencives rougies et saignantes, enfin la carie de l'os maxillaire, tout cela lui est personnel, bien personnel, tout cela peut le mener à une mort prochaine avant qu'il ait le temps d'accomplir œuvre d'Empereur.

Ne serait-ce pas la plus grande leçon de l'histoire de tous les temps que celle d'une famille impériale atteignant les plus hauts sommets de la gloire pour descendre dans la tombe sous le coup d'un mal infâme.

Peut-être verrons-nous de singulières catastrophes, d'étranges bouleversements dans cette Allemagne que nous croyons si forte.

A la mort de Guillaume II, l'impératrice Victoria devrait être régente, mais jamais les hommes qui dirigent la politique allemande ne supporteraient la domination passagère de l'Anglaise.

Alors ce serait la Révolution et la Révolution ce serait la fin.

TABLE

TABLE DES MATIÈRES

E. DENTU, Editeur,

3, PLACE DE VALOIS

A. *Nouvelle Collection Dentu, grand in-18 jésus
à 3 fr. 50 le volume.*

ALFRED ASSOLANT

Aventures de Brancas Quaterquem. 1 volume	3 50
L'Aventurier 2 volumes	7 »
I. — Un Amour républicain.	
II. — Un Duel sous l'Empire.	
La Croix des Prêches. 2 volumes	7 »
Désirée. 1 volume	3 50
La Fête de Champdebrac. 1 volume	3 50
Un Millionnaire. 1 volume	3 50
Le Plus Hardi des Gueux. 1 volume	3 50
Nini. 1 volume	3 50
Plantagenet. 2 volumes	7 »
Le Puy de Montchal. 1 volume	3 50
Rachel. 1 volume	3 50
Le Seigneur de Lanterne. 1 volume	3 50
Le Vieux Juge. 1 volume	3 50

AUGUSTE BARBIER

Iambes et Poèmes, 34ᵉ édition, revue et corrigée. 1 volume 8° jésus	3 50
Chez les Poètes, études, traductions et imitations en vers. 1 volume grand in-8 jésus	3 50
Satires et Chants. Nouvelle édition revue et augmentée. 1 volume grand in-18 jésus	3 50
Silves et Rimes légères, poésies diverses. Nouvelle édition 1 beau volume grand in-18 jésus	3 50
Histoires de voyages. 1 beau volume illustré par l'auteur	3 50

Trois Passions. 1 volume. 3 50
Contes du soir. 1 volume. 3 50
Souvenirs personnels et silhouettes contemporaines.
  1 volume. 3 50
Tablettes d'Umbrano, suivi des *Promenades au Louvre*
  (œuvre posthume). 1 volume 3 50

ALBERT BATAILLE

Causes criminelles et mondaines. années 1880, 1881,
  1882, 1883, 1884, 1885, 1886, 1887, 8 volumes. Chaque
  volume. 3 50

ADOLPHE BELOT

Adulter. 13ᵉ édition volume 3 50
Une Affolée d'amour. 12ᵉ édition. 1 volume. 3 50
Alphonsine. 21ᵉ édition. 1 volume 3 50
L'Article 47. 16ᵉ édition. 1 volume. 3 50
Les Baigneuses de Trouville (suite des *Mystères mon-*
  dains). 17ᵉ édition. 1 volume. 3 50
La Bouche de Mme X"'. 57ᵉ édition. 1 volume. 3 50
Les Cravates blanches. 10ᵉ édition. 1 volume 3 50
Le Chantage (suite et fin des *Cravates blanches*). 10ᵉ édi-
  tion. 1 volume. 3 50
Courtisane. 14ᵉ édition. 1 volume 3 50
Dacolard et Lubin (suite et fin du *Parricide*). 6ᵉ édi-
  tion. 1 volume. 3 50
Deux femmes. 12ᵉ édition. 1 volume 3 50
Les Étrangleurs. 8ᵉ édition. 1 volume. 3 50
La Femme de feu. 50ᵉ édition 1 volume. 3 50
La Femme de glace. 22ᵉ édition. 1 volume 3 50
La Fièvre de l'inconnu. 9ᵉ édition. 1 volume. 3 50
Fleur de crime. 7ᵉ édition. 2 volumes. . . . .   7 »
Folies de jeunesse. 9ᵉ édition. 1 volume 3 50
Les Fugitives de Vienne. 12ᵉ édition. 1 volume. . . .   3 50
La Grande Florine. (suite et fin des *Etrangleurs*). 8ᵉ édi-
  tion 1 volume 3 50
Hélène et Mathilde. 15ᵉ édition. 1 volume. 3 50
Une Joueuse. 14ᵉ édition. 1 volume. 3 50

Une Lune de miel à Monte-Carlo. 1 volume grand in-16 avec illustrations de Fernand Fau . . . .   5 »

Madame Vitel et Mademoiselle Lelièvre (suite des *Baigneuses de Trouville*). 12e édition. 1 volume 3 50

Mademoiselle Giraud, ma femme, 68e édition. 1 vol. .   3 50

Une Maison centrale de femmes (suite et fin de *Madame Vitel et Mademoiselle Lelièvre*). 12e édition. 1 volume 3 50

Les Mystères mondains. 17e édition. 1 volume 3 50

Le Parricide. 7e édition. 1 volume . . . .   3 »

La Petite Couleuvre (suite et fin d'*Une affolée d'amour*). 15e édition. 1 volume 3 50

Le Pigeon. 14e édition. 1 volume 3 50

La Princesse Sophia. 14e édition. 1 volume 3 50

Reine de beauté. 24e édition. 1 volume 3 50

Le Roi des grecs. 7e édition. 2 volumes . . . .   7 »

Le Secret terrible. 8e édition. 1 volume . . . .   3 »

La Sultane parisienne. 12e édition. 1 volume 3 50

La Tête du ponte. 17e édition. 1 volume 3 50

La Vénus de Gordes. 9e édition. 1 volume . . . .   3 »

La Vénus noire (suite et fin de *la Fièvre de l'Inconnu*). 12e édition. 1 volume 3 50

ÉMILE BERGERAT

Vie et Aventures de Caliban. 1 volume 3 50

CAMILLE BIAS

La Faustine. 1 volume 3 50

F. DU BOISGOBEY

L'Affaire Matapan. 2e édition. 2 volumes . . . .   7 »

L'As de cœur. 2e édition. 2 volumes . . . .   7 »

La Bande rouge. 2e édition. 2 volumes . . . .   7 »

La Belle Geôlière. 2e édition. 2 volumes . . . .   7 »

Bouche cousue. 2e édition. 2 volumes . . . .   7 »

Les Cachettes de Marie-Rose. 2e édition. 2 volumes . .   7 »

Le Chevalier Casse-Cou. 2ᵉ édition 2 volumes. . . . . . 7 »
   I. — Le Camélia rouge.
   II. — La Chasse aux ancêtres.

Le Cochon d or. 3ᵉ édition. 2 volumes . . . . 7 »
Les Collets noirs. 2ᵉ édition. 2 volumes. . . . . 7 »
Le Coup de pouce. 7ᵉ édition. 1 volume. 3 50
Le Cri du sang. 2ᵉ édition. 2 volumes. . . . . 7 »
Le Demi-Monde sous la Terreur. 2ᵉ édition. 2 volumes. 7 »
Les Deux Merles de Monsieur de Saint-Mars. 2ᵉ édi-
   tion. 2 volumes . . . . 7 »
L'Epingle rose. 2ᵉ édition. 2 volumes. 10 50
L'Équipage du diable. 2ᵉ édition. 2 volumes . . . . . 7 »
Les Gredins. 2ᵉ édition. 2 volumes . . . . 7 »
   I. — Jean des Falaises.
   II. — Andrée de Champtocé.

La Jambe noire. ᵉ édition. 2 volumes . . . . 7 »
Jean Coupe-en-Deux. ᵉ édition 1 volume 3 50
Le Mari de la diva. 3ᵉ édition. 1 volume 3 50
Mérindol. 2ᵉ édition. 1 volume 3 50
Les Mystères du nouveau Paris. 7ᵉ édition. 2 volumes. 10 50
L'Œil de chat. 2 volumes . . . . 7 »
Où est Zénobie? 2ᵉ édition. 2 volumes. . . . . 7 »
Le Secret de Berthe. 2ᵉ édition. 2 volumes. . . . . . . 7 »
Les Suites d'un duel. 3ᵉ édition. 1 volume 3 50
La Tresse blonde. 5ᵉ édition. 1 volume. 3 50
La Vieillesse de M. Lecoq. 4ᵉ édition. 2 volumes. . . . 7 »

GEORGES BOIS

Son Gendre. 1 volume. 3 50
Précoce. 4ᵉ édition. 1 volume. 3 50

JEAN DE BONNEFON

Drame impérial. *Ce que l'on ne peut pas dire à Ber-*
   lin. 6ᵉ édition. 1 volume. 3 50

HENRI DE BORNIER

Comment on devient belle. 1 volume. 3 50
Le Jeu des Vertus. 1 volume. 3 50
La Lizardière. 1 volume 3 50

GONTRAN BORYS

Le Beau Roland. 2 volumes. . . . . 7 »
   I. — La Petite Dame des taillis.
   II. — Le Club des pendus.

Le Cousin du diable. 1 volume. 3 50
Les Paresseux de Paris. 2 volumes . . . . 7 »

RENÉ DE CAMORS ET PIERRE CŒUR

Les Borgia d'Afrique. 1 volume. 3 50
Le Complice. 1 volume. 3 50
Le Châtiment héréditaire. 2 volumes. . . . . 7 »

HENRI CHABRILLAT

L'Amour en quinze leçons. 1 volume 3 50
Les Amours d'une millionnaire. 1 volume. 3 50
La Filliote. 1 volume 3 50
Friquet. 1 volume 3 50
La Petite Belette. 1 volume. 3 50

FÉLICIEN CHAMPSAUR

L'Amant des Danseuses. 6e édition. 1 volume 3 50
Le Massacre. 1 volume 3 50
Le Cerveau de Paris. 1 volume. 3 50
Les Bohémiens. 1 volume illustré . . . . 5 »
Les Ereintés de la Vie. 1 volume illustré 3 50

EUGÈNE CHAVETTE

Aimé de son Concierge. 9e édition. 1 volume. 3 50
La Chambre du crime. 8e édition. 1 volume 3 50
La Chiffarde. 8e édition. 2 volumes . . . . 7 «
La Chasse à l'oncle. 8e édition. 1 volume. . . . . . 7 »
   I. — Le Passé de la Duchesse.
   II. — Les Gentillesses de Gode.
Le Comte Omnibus. 8e édition. 2 volvmes. . . . . . . 7 »
   I. — Les Filles de l'épicier.
   II. — Les Filles du millionnaire.
Défunt Brichet. 8e édition. 2 volumes. . . . . 7 »
L'Héritage d'un pique-assiette. 8e édition. 3 volumes . 10 50

a.

Un Notaire en fuite. 3ᵉ édition. 2 volumes . . . .   7 »
   I. — Amoureux par télescope.
   II. — La Crème des beaux-pères.

Nous marions Virginie. 4ᵉ édition. 1 volume. 3 50
L'Oncle du Monsieur de Madame. 6ᵉ édition, 1 volume.   3 50
L'Oreille du Cocher. 4ᵉ édition. 1 volume. 3 50
La Recherche d'un Pourquoi. 3ᵉ édition. 1 volume. . .   3 50
Le Rémouleur, épisodes du temps de la Terreur et de
   l'Empire. 3ᵉ édition. 2 volumes. . . . .   7 »
   I. — La Maison Surcoi
   II. — Le Trésor de la Du Barry.

Le Roi des Limiers. 4ᵉ édition. 1 volume. 3 50
Si j'étais riche. 3ᵉ édition. 2 volumes . . . .   7 »

LÉO CLADEL

Héros et Pantins. 1 volume. 3 50
L'Homme de la Croix-aux-Bœufs. 1 volume 3 30
Effigies plébéiennes. 1 volume. 3 50
Raca. 1 volume 3 50

JULES CLARETIE

Les Amours d'un interne. 18ᵉ édition. 1 volume 3 50
Le Beau Solignac. 4ᵉ édition. 2 volumes . . . .   7 »
   I. — Andreïna.
   II. — Louise de Farges.

Candidat. 34ᵉ édition. 1 volume 3 50
Une Femme de proie. 4ᵉ édition. 1 volume. 3 50
La Fugitive. 5ᵉ édition. 1 volume. 3 50
Jean Mornas. 35ᵉ édition. 1 volume. 3 50
Journées de Vacances. 6ᵉ édition. 1 volume. 3 50
La Maison vide. 10ᵉ édition. 1 volume. 3 50
Le Million, roman parisien. 58ᵉ édition. 1 volume 3 50
La Maîtresse. 11ᵉ édition. 1 volume. 3 60
Michel Berthier, 5ᵉ édition. 1 volume. 3 50
Monsieur le Ministre, roman parisien. 68ᵉ édition. 1 vo-
   lume. 3 30
Les Muscadins, 3ᵉ édition. 2 volumes. . . . .   7 »
Noris, mœurs du jour. 50ᵉ édition. 1 volume. 3 50
Le Petit Jacques. — Noël Rambert. 7ᵉ édition. 1 vo-
   lume. 3 50

Le Prince Zilah. 62ᵉ édition. 1 volume. 3 50

Robert Burat. 5ᵉ édition, 1 volume 3 50

Le Train 17, 13ᵉ édition. 1 volume. 3 50

Le Troisième dessous. 8ᵉ édition. 1 volume. 3 50

Un Enlèvement au XVIIIᵉ siècle. 1 joli volume avec enca-
drements en couleur . . . . 5 »

ALPHONSE DAUDET

Aventures prodigieuses de Tartarin de Tarascon.
52ᵉ édition. 1 volume. 3 50

Tartarin sur les Alpes, nouveaux exploits du héros
tarasconnais. 1 volume. 3 50

L'Evangéliste. 38ᵉ édition. 1 volume 3 50

Jack, mœurs contemporaines. 28ᵉ édition. 2 volumes. 7 »

Robert Helmont. 5ᵉ édition. 1 volume. 3 50

Les Rois en Exil. 60ᵉ édition. 1 volume 3 50

ERNEST DAUDET

Aventures de Femmes. 1 volume 3 50

L'Aventure de Jeanne. 4ᵉ édition, 1 volume 3 50

La Caissière. 4ᵉ édition. 1 volume. 3 50

Jean le Gueux. 1 volume 3 50

Le Lendemain du Péché. 5 édition. 1 volume 3 50

ERNEST DAUDET ET A. BELOT

La Vénus de Gordes. 1 volume. 3 50

LOUIS DAVYL

Les Amants ennemis. 1 volume. 3 50

Le Dernier des Fontbriand. 2 volumes. . . . . 7 »

Les Enfants de la Balle. 1 volume 3 50

Gare les Jambes. 1 volume 3 50

Honneur me tient. volumes. . . . . 7 »
    I. — Abel.
    II. — Caïn.

13, Rue Magloire. 5ᵉ édition. 1 volume. 3 50

La Toile d'Araignée. 2 volumes . . . . 7 »

ALBERT DELPIT

La Famille Cavalié. 2 volumes . . . . 7 «

Jean-Nu-Pieds. 2 volumes . . . .   7 »
Les Mystères du Bas-Meudon. 1 volume 3 50

CHARLES DESLYS

Belle de Mai. 1 volume 3 50
Le Capitaine Minuit. 1 volume. 3 50
La Comtesse Rouge. 1 volume. 3 50
La Dot d'Irène. 2ᵉ édition. 1 volume. 3 50
Les Enfants trouvés de Paris. 1 volume. 3 50
La Mère Rainette.1 volume. 3 50
Mimie. 1 volume. 3 50
Miss Éva. 2ᵉ édition. 1 volume. 3 50
La Revanche de Marguerite. 2ᵉ édition. 1 volume. . .   3 50
Le Roi d'Yvetot. 1 volume. 3 50
Le Serment de Madeleine. 5ᵉ édition. 1 volume. . . .   3 50
Sœur Louise. 3ᵉ édition. 1 volume. 3 50

DUBUT DE LAFOREST

Belle-Maman. 1 volume. 3 50
La Baronne Emma. 1 volume. 3 50
La Bonne à tout faire. 1 volume. 3 50
Le Cornac. 1 volume 3 50
Contes pour les Baigneuses. 1 volume illustré. . . .   3 50
Les Dévorants de Paris. 1 volume 3 50
L'Espion Gismark. (suite et fin des *Dévorants de Paris*).
  1 volume. 3 50
Mademoiselle de Marbeuf. 1 volume. 3 50
Mademoiselle Tantale. 1 volume. 3 50
Documents humains. 1 volume. 3 50

ÉDOUARD DUCRET

Paris Canaille. 1 volume 3 50
Le Baiser funeste. 2 volumes. . . . .   7 »

PAUL FÉVAL

Les Amours de Paris. 2 volumes. . . . .   7 »
Le Bossu, nouvelle édition. 2 volumes. . . . .   7 «

Bouche-de-Fer. 5ᵉ édition. 1 volume 3 50

Fabrique de Mariages. 1 volume 3 50

Le Capitaine Fantôme. 6ᵉ édition. 1 volume 3 50

Les Filles de Cabanil. (suite et fin du *Capitaine Fantôme*)
    6ᵉ édition. 1 volume 3 50

Les Habits noirs. 2 volumes . . . . 7 »

Le Jeu de la Mort. 1 volume 3 50

La Tontine infernale (suite et fin du *Jeu de la Mort*).
    1 volume. 3 50

Madame Gil-Blas. 2ᵉ édition. 2 volumes. . . . . 7 »

Les Mystères de Londres, nouvelle édition. 2 volumes . 7 »

Le Volontaire. 1 volume 3 50

Le Drame de la jeunesse. 1 volume. 3 50

Les Deux Femmes du Roi. 1 volume. 3 50

La Tache rouge. 2 volumes. . . . . 7 »

ÉMILE GABORIAU

L'Affaire Lerouge. 13ᵉ édition. 1 volume 3 70

Les Amours d'une empoisonneuse. 5ᵉ édition. 1 volume. 3 50

L'Argent des autres. 6ᵉ édition. 2 volumes. . . . . . . 7 »
    I. — Les Hommes de paille.
    II. — La Pêche en eau trouble.

Les Cotillons célèbres. 7ᵉ édition. 2 volumes illustrés. . 7 »

Les Comédiennes adorées. 3ᵉ édition. 1 volume. 3 50

La Corde au cou. 7ᵉ édition. 1 volume. 3 50

La Clique dorée. 7ᵉ édition. 1 volume. 3 60

Le Crime d'Orcival. 10ᵉ édition. 1 volume. 3 50

La Dégringolade. 5ᵉ édition. 2 volumes. . . . . 7 »
    I. — Un mystère d'iniquité.
    II. — Les Maillefert.

Le Dossier nᵒ 113. 12ᵉ édition. 1 volume. 3 50

Les Esclaves de Paris. 6ᵉ édition. 2 volumes. . . . . . 7 »
    I. — Le Chantage.
    II. — Le Secret des Champdoce.

Les Gens de bureau. 5ᵉ édition. 1 volume. 3 50

Le 13ᵉ hussards, histoire de l'engagé volontaire. 22ᵉ édi-
    tion. 1 volume. 3 50

Mariage d'aventure. 5ᵉ édition. 1 volume. 3 50

Monsieur Lecoq. 12ᵉ édition. 2 volumes. . . . . 7 »
   I. — L'enquête.
   II. — L'Honneur du nom.

Le Petit Vieux des Batignolles. 9ᵉ édition. 1 volume. . 3 50

La Vie infernale. 5ᵉ édition. 2 volumes. . . . . , 7 »
   I. — Pascal et Marguerite.
   II. — Lia d'Argelés.

M.-L. GAGNEUR

Le Calvaire des femmes. 4ᵉ édition, 2 volumes. . . . 7 »
   I. — Les Pécheresses.
   II. — Les Réprouvées.

Chair à canon. 4ᵉ édition. 1 volume. 3 50

Un Chevalier de sacristie. 3ᵉ édition. 1 volume.. . . . 3 50

Le Crime de l'abbé Maufrac. 4ᵉ édition. 1 volume. ' . . 3 50

Les Crimes de l'amour. 3ᵉ édition. 1 volume 3 50

La Croisade noire. 9ᵉ édition. 1 volume. 3 50

Les Droits du mari. 2ᵉ édition. 1 volume 3 50

Les Forçats du Mariage. 3ᵉ édition. 1 volume. 3 50

La Fournaise, nouvelle édition. 1 volume. 3 50

Le Roman d'un prêtre. 4ᵉ édition. 1 volume. 3 50

Le Supplice de l'amant. 1 volume 3 50

La Vengeance du beau vicaire. 3ᵉ édition. 1 volume. . 3 50

Les Vierges russes. 4ᵉ édition. 1 volume. 3 50

PRINCE D. GALITZIN

Ténèbres. 1 volume 3 50

JULES DE GASTYNE

L'Amour et l'Argent. 1 volume. 3 50

L'Ecuyère masquée. 1 volume. 3 50

Farandole. 1 volume. 3 50

En Flagrant Délit. 1 volume. 3 50

La Femme nue. 1 volume. 3 50

Rayon d'or. 1 volume. 3 50

Le Secret de Daniel. 1 volume. 3 50

Les Tripoteurs. 1 volume. 1 50

LOUIS GERMONT (ROSE THÉ)

Belle Amie. 1 volume. 3 50

Le Parfum de Christiane. 1 volume 3 50

ALEXANDRE HEPP

Les Anges parisiens. 1 volume. 3 50
Les Ombres parisiennes. 1 volume. 3 50
L'Épuisé. 20ᵉ édition. 1 volume 3 50
Paris-Patraque. 1 volume. 3 50
Paris tout nu. 1 volume. 3 50

ARSÉNE HOUSSAYE

Alice, roman d'hier. 3ᵉ édition. 1 volume 3 50
Le Chien perdu et la femme fusillée. 2 volumes . . . . 7 »
La Comédie au coin du feu. 3ᵉ édition. 1 volume. . . . 3 50
La Comédienne. 1 volume 5 50
Les Courtisanes du monde. 4 volumes in-8° . . . . . . 20 »
La Couronne de bluets. 1 volume 3 50
Les Douze Nouvelles nouvelles. 1 volume illustré. . . 3 50
Un Drame aux Champs-Élysées. 1 volume 3 50
L'Éventail brisé. 2 volumes. . . . . 7 »
Les Grandes Dames. 1 volume 3 50
Histoire étrange d'une fille du monde. 1 volume in-8°
   orné de portraits 3 50
Les Larmes de Jeanne. 6ᵉ édition. 1 volume 3 50
Lucie, histoire d'une fille perdue. 15ᵉ édition. 1 volume. 3 50
Les Mille et Une Nuits parisiennes, les Mondaines,
   les Demi-Mondaines et les Extra-Mondaines. 4 volu-
   mes in-8°. . . . . 20 »
Les Princesses de la Ruine. 1 volume 3 50
La Robe de la mariée. 5ᵉ édition. 1 volume. 3 50
Roman des femmes qui ont aimé. 1 volume. 3 50
Tragique Aventure de bal masqué. 1 volume 3 5
Les Trois Duchesses. 1 volume 3 5
Violenta. 6ᵉ édition 3 50

KRASZEWSKI

Le Juif, traduit par A. HOLYNSK. 1 volume 3 50

RICHARD LESCLIDE

Contes extra-galants. 1 volume illustré. 6

Le Dernier Scapin. 1 volume. 3 50
Une Idylle sous la Terreur. 1 volume 3 50

RENÉ MAIZEROY

La Première Fois. 1 volume 3 50

MARION CRAWFORD

Le Docteur Claudius. 1 volume. 3 50
Monsieur Isaacs. 1 volume 3 50
Un Chanteur romain. 1 volume. 3 50
Un Politicien américain. 1 volume. 3 50
La Paroisse isolée. 1 volume. 3 50
La Marchesa Carantoni. 1 volume 3 50
Le Crucifix de Marzio. 1 volume 3 50
Paul Patoff. 2 volumes. . . . . 7 »

JULES MARY

Deux amours de Thérèse. 1 volume 3 50
La bien aimée. 1 volume 3 50
La fiancée de Jean Claude. 1 volume. 3 50
L'Aventure d'une Fille. 1 volume 3 50
La Nuit maudite. 1 volume 3 50
Le Wagon 303. 1 volume. 3 50

A. MATTHEY (ARTHUR ARNOULD)

La Belle Julie. 1 volume 3 50
La Chambre rose (suite et fin de *Cherchez la Femme*).
   4e édition. 1 volume. 3 50
Cherchez la femme. 4e édition. 1 volume 3 50
Le Corps d'Elisa. 4e édition. 1 volume 3 50
Le Duc de Kandos. 4e édition. 1 volume. 3 50
Les deux Duchesses (suite et fin du *Duc de Kandos*).
   4e édition. 1 volume 3 50
L'Enfant de l'Amant. 4e édition. 1 volume 3 50
La Fête de Saint-Rémy (suite et fin de *Thérèse Buisson*).
   e édition. 1 volume 3 50
La Fille-Mère. 4e édition. 1 volume 3 50
Le Passé d'une femme (suite et fin du *Roi des men-
diants*). e édition. 1 volume 3 50

Le Roi des mendiants. 4ᵉ édition. 1 volume. 3 50
Thérèse Buisson. 4ᵉ édition. 1 volume 3 50
La Vierge veuve (suite et fin de la *Belle Julie*). 4ᵉ édition.
   1 volume. 3 50
La Princesse Belladone. 4ᵉ édition. 1 volume. 3 50
Les Noces d'Odette (suite et fin de la *Princesse Bella-*
   done). 4ᵉ édition. 1 volume 3 50
Patte blanche. 1 volume 3 50
Vengeance secrète. 1 volume. 3 50

CATULLE MENDÈS.

L'Amour qui pleure et l'Amour qui rit. 4ᵉ édition.
   1 volume. 3 50
Les Mères ennemies. 1 volume. 3 50
Monstres parisiens. 3ᵉ édition. 1 volume. 3 50
Le Roi vierge. 10ᵉ édition. 1 volume. 3 50
Le Rose et le Noir. 1 volume. 3 50
Le Souper des Pleureuses. 1 volume 3 50
Toutes les amoureuses. 4ᵉ édition. 1 volume. 3 50
Tendrement. 1 volume 3 50
La Vie et la mort d'un clown. 2 volumes. . . . . . .   7 »
   I. — La Demoiselle en or.
   II. — La Petite Impératrice.

CHARLES MÉROUVEL

Angèle Méraud. 5ᵉ édition. 1 volume. 3 50
Abandonnée. 2 volumes. . . . .   7 »
Les Caprices de Laure. 1 volume. 3 50
Les Derniers Kérandal. 3ᵉ édition. 2 volumes . . . . .   7 »
   I. — Mlle de Fonterose.
   II. — Juana Trélan.
Les deux Maîtresses. 4ᵉ édition. 1 volume 3 50
Le Marquis Gaetan. 1 volume 3 50
Diane de Briolles. 1 volume 3 50
Dos à dos. 4ᵉ édition. 1 volume. 3 50
Le Divorce de la Comtesse. 1 volume 3 50
Fleur de Corse. 4ᵉ édition. 1 volume 3 50

La Filleule de la duchesse. 2ᵉ édition. 1 volume. 3 50

Le Gué-aux-Biches. 3ᵉ édition. 1 volume. 3 50

Solange Fargeas (suite et fin du *Gué-aux-Biches*). 3ᵉ édition. 1 volume. 3 50

Jenny Fayelle. 4ᵉ édition. 1 volume. 3 50

Le Krach. 5ᵉ édition. 1 volume 3 50

Madame la Marquise. 19ᵉ édition. 1 volume. 3 50

Mademoiselle de la Condemine. 1 volume. 3 50

Mademoiselle Jeanne. 6ᵉ édition. 1 volume. 3 50

La Maîtresse de Monsieur le Ministre. 3ᵉ édition 1 volume. 3 50

Le Mari de la Florentine. (suite et fin de *les Deux maîtresses*). 4ᵉ édition. 1 volume. 3 50

Le Péché de la Générale. 4ᵉ édition. 1 volume 3 50

Le Roi Crésus. 2 volumes. . . . . 7 »
    I. — Les Rosendaël. 1 volume.
    II. — Cœur de Créole. 1 volume.

Les Trémor. 2 volumes . . . . 7 »
    I. — Le Gué aux Biches.
    II. — Solange Fargeas.

Une nuit de Noces. 14ᵉ édition. 1 volume. 3 50

La Veuve aux cent millions. 2 volumes . . . . 7 »

LOUISE MICHEL

Les Microbes humains. 1 volume. 3 50

Le Monde nouveau. 1 volume 3 50

CHARLES MONSELET

La Belle Olympe. 1 volume. 3 50

Les Frères Chantemesse. 2ᵉ édition. 2 volumes. . . . . 7 »
    I. — Un Caprice de madame Pompadour.
    II. — Un Amour de Louis XV.

Mon Dernier Né, gaietés parisiennes. 1 volume. 3 50

Le Petit Paris, tableaux et figures de ce temps. 1 volume. 3 50

Lettres gourmandes. 1 volume. . . . . 3 »

Poésies completes. 2 volumes. . . . . 5 »

MAURICE MONTÉGUT

La Faute des autres. 3ᵉ édition. 1 volume. 3 50

L'Ile muette. 1 volume. 3 50
La Peau d'un homme. 1 volume. 3 50
L'œuve du mal. 1 volume. 3 50

RENÉ DE PONT-JEST

Aveugle. 1 volume. 3 50
L'Araignée rouge. 1 volume. 3 50
Le Cas du docteur Plemen. 1 volume 3 50
Les crimes d'nn Ange. 3ᵉ édition. 1 volume. 3 50
Divorcée. 3ᵉ édition. 1 volume. 8 50
La Femme de cire. 2ᵉ édition. 1 volume 3 50
Les Martyrs de la Nello. 3ᵉ édition. 2 volumes . . . . .   7 »
   I. — Le Roman d'une diva.
   II. — Un drame en Russie.
Grain de Beauté. 4ᵉ èdition. 1 volume. 3 50
Le Nᵒ 13 de la rue Marlot. 2ᵉ édition. 1 volume 3 50
Le Régicide Fieschi. 1 volumc. 3 50
Sang Maudit. 3ᵉ édition. 3 volumes 10 50
   I. — Jeanne Reboul.
   II. — La comtesse Iwacheff.
   III. — La Louve.

IMBERT DE SAINT-AMAND

Les Femmes de la cour des derniers Valois. 3ᵉ édition.
  1 volume. 3 50
Les Femmes de Versailles, études sur le xviiᵉ et le xviiiᵉ siècle.
  5 volumes.
     I.   — Les Femmes de la cour de Louis XIV.   3 50
     II. — Les Femmes de la cour de Louis XV.   3 50
     III. — Les Dernières années du règne de Louis XV.   3 50
     IV. — Les beaux Jours de Marie-Antoinette.   3 50
     V.   — La Fin de l'ancien régime.   3 50
Les Femmes des Tuileries, nouvelles études sur le xviiiᵉ siècle.
  15 volumes.
     I.   — Histoire du château. 2ᵒ édition.   3 50
     II. — Marie Antoinette aux Tuileries. 2ᵉ édition.   3 50
     III. — La Dernière Année de Marie-Antoinette.   3 50
     IV. — Marie-Antoinette et l'agonie de la Royauté.   3 50
     V.   — La Jeunesse de l'Impératrice Joséphine.   3 50
     VI. — La Citoyenne Bonaparte.   3 50
     VII. — La Femme du Premier Consul.   3 50
     VIII.— La Cour de l'Impératrice Joséphine.   3 50

IX.   — Les Dernières années de l'ImpératriceJoséphine.   3 50
X.   — Les Beaux Jours de l'Impératrice Marie-Louise.   3 50
XI.   — Marie-Louise et la décadence de l'Empire. 1 vol.   3 50
XII. — Marie-Louise et l'Invasion de 1814.   3 50
XIII. — Marie-Louise, l'Ile d'Elbe et les Cent-Jours.   3 50
XIV. — Marie-Louise et le duc de Reichstadt.   3 50
XV.   — La Jeunesse de la duchesse d'Angoulème.   3 50
XVI. — La duchesse d'Angoulème et les deux Restau-
              rations.   3 50
XVII. — La duchesse de Berry et la Cour de Louis XVIII.   3 50
XVIII.— La duchesse de Berry et la cour de Charles X.   3 50

Portraits de grandes Dames. 3e édition, augmentée des
Françaises du xviie et du xviiie siècle 1 volume. 3 50

Madame de Girardin. 1 volume 3 50

Mes Souvenirs. Poésies. 3 50

Deux Victimes de la Commune. 1 volume 2 50

PAUL SAUNIÈRE

Le Beau Sylvain. 2 volumes . . . .   7 »

La Belle Argentière. 2 volumes . . . .   7 »

Le Capitaine Marius. 1 volume. 3 50

Le Capitaine Tempête. 1 volume. 3 50

Flamberge. 2 volumes . . . .   7 »

Le Legs du Pendu. 1 volume. 3 50

Deux Rivales. 1 volume 3 50

Les Jouisseurs. 1 volume. 3 50

Le Lieutenant aux Gardes. 1 volume 3 50

Madame Rabat-Joie. 1 volume. 3 50

La Mère Michel. 2 volumes. . . . .   7 »

Mamzell'Rossignol. 2 volumes . . . .   7 »

La Meunière du Moulin-Galant. 2 volumes . . . . . .   7 »

Le Père Braséro. 1 volume. 3 50

La Petite Marquise. 1 volume 3 50

Le Prince Cachemire. 1 volume 3 50

Le Secret de la Roche Noire. 1 volume 3 50

ARMAND SILVESTRE

Mélancolies d'un Joyeux. 4e édition. 1 volume.   3 50
Le Livre des Fantaisies. 4e édition. 1 volume .   3 50